11

供电企业生产技能人员标准化作业培训教材

变压器大修

福建省电力有限公司　组编

输变电

中国电力出版社
CHINA ELECTRIC POWER PRESS

内 容 提 要

本册书是按照《供电企业生产技能人员标准化作业培训教材》体系的要求，结合生产实际编写而成。本册书共分为两大部分，第一部分根据变压器大修的项目内容，介绍了变压器吊罩解体大修的工艺流程、变压器油箱、器身及组部件的检修工作流程和质量标准与控制等内容，并结合实际案例，对变压器大修的操作要点、关键步骤的控制、安全注意事项、管理要求等进行了具体分析。第二部分主要介绍了实际作业案例相关的标准化作业文本。

本册书作者都是长期从事电力生产一线的员工，有较为丰富的现场实际经验，所列举的案例在实际生产过程中较为典型，具有较强的生产现场指导意义。本册书可作为供电企业电网输变电工作人员的培训教学用书，也可作为电力职业院校教学参考用书。

图书在版编目（CIP）数据

供电企业生产技能人员标准化作业培训教材. 输变电/福建省电力有限公司组编. —北京：中国电力出版社，2012.12
ISBN 978-7-5123-3810-4

Ⅰ. ①供… Ⅱ. ①福… Ⅲ. ①供电－工业企业管理－标准化管理－中国－技术培训－教材 ②输电－电力系统－技术培训－教材 ③变电所－电力系统－技术培训－教材 Ⅳ. ①F426.61

中国版本图书馆 CIP 数据核字（2012）第 287838 号

中国电力出版社出版、发行
（北京市东城区北京站西街 19 号 100005 http://www.cepp.sgcc.com.cn）
北京九天众诚印刷有限公司印刷
各地新华书店经售
*
2013 年 1 月第一版 2013 年 1 月北京第一次印刷
787 毫米×1092 毫米 16 开本 84 印张 1766 千字
全册定价 **232.00** 元

敬 告 读 者

本书如有印装质量问题，我社发行部负责退换

版 权 专 有 翻 印 必 究

编　委　会

主　　任　张　磊

副 主 任　陈卫中　李功新

成　　员　叶继宏　郑佩祥　黄文英　金昌榕　于建龙

任晓辉　邱兴平　陈大凤　张　荣　洪西卿

姚　亮　林　平　宋福海　连纪文　罗　松

林　宇　林　贇

编　写　组

主　　编　李功新

副 主 编　叶继宏　金昌榕　陈大凤　张　荣

编写组组长　林　平

成　　员（按姓氏笔画排序）

王全兴　王恒山　叶立群　叶色亮　朱　菁

庄　严　庄沪生　刘志平　严有祥　李　春

李　超　李勇明　李积捷　李萌峰　杨文陵

杨志豪　杨建平　杨毓庆　连鸿松　肖颂勇

吴　达　吴志成　吴奇宝　吴辉煌　吴簪麟

邱振敏　沈明松　沈谢林　张绍明　陈　影

陈艺鑫　陈日坤　陈祥舒　陈朝晖　陈德兴

林　衡　林一泓　林志敏　林志强　林轶群

林海渊　欧世尧　欧永连　罗　松　罗　毅

金建宁　郑哲人　郑雄俊　郑黎斐　赵道阳

施　纬　施广宇　洪西卿　钱志立　翁晓锋

涂恩来　黄　亮　黄国敏　董　磊　傅智为

潘晨曦

前言

preface

为了更好地服务“五大”体系建设，提升生产技能人员良好的“职业化”行为习惯，建立与现场标准化作业生产环境一致的培训课程体系，福建省电力有限公司以现场标准化作业指导书为蓝本，组织开展生产技能标准化作业培训教材的编写工作。为确保教材的编写质量和进度，由总工程师李功新主抓此项工作，多次召集工作协调会，定期听取编写进度汇报；人力资源部负责教材编写的组织工作，运维检修部、科技信通部和调度控制中心负责教材编写的具体工作，福建省电力有限公司和基层单位技术专家组成教材编写与审定小组，公司培训中心负责教材编写框架和编写规范的制订、编写进度跟踪及其他协调工作。

本套教材集中了福建省电力有限公司众多专家学者的智慧，采用了全新的组织架构，突出了基于现场标准化作业的培训特色。本套教材分为配电专业、输变电专业和二次专业三本书，包括91项现场标准化作业项目（子分册），具有很强的针对性和实用性。各项目（子分册）分为两部分：第一部分介绍了各项目的工作流程、工作质量标准与控制、危险点分析与预控、管理与记录要求、作业案例等；第二部分罗列了标准化作业指导书等标准化作业文本，并结合第一部分的作业案例说明了标准化文本的填写规范。部分项目（子分册）还在附录部分对设备等内容进行了说明。

其中，配电专业分为架空线路、配电设备、计量装置及其他设备，由福建省电力有限公司运维检修部高级工程师姚亮担任编写组长，福州电业局、厦门电业局、莆田电业局、泉州电业局、漳州电业局、龙岩电业局、三明电业局、南平电业局、宁德电业局、福清电力公司、石狮电力公司、晋江电力公司、南安电力公司、长乐电力公司等单位的专家参与编写工作。输变电专业分为开关类、线圈类和架空线路及电缆，由福建省电力有限公司运维检修部高级工程师林平担任编写组长，福建省电力科学研究院、检修分公司、福州电业局、厦门电业局、莆田电业局、泉州电业局、漳州电业局、龙岩电业局、三明电业局等单位的专家参与编写工作。二次专业分为继电保护、综合自动化、直流系统和电力通信，由福建省电力有限公司调度控制中心高级工程师宋福海、科技信通部高级工程师连纪文担任编写组长，福建省电力科学研究院、检修分公司、信息通信分公司、福州电业局、厦门电业局、莆田电业局、泉州电业局、龙岩电业局、三明电业局、南平电业局等单位的专家参与编写工作。

本册由福建省电力科学研究院施广宇担任编写组长，福建省电力检修公司吴达、福建省电力科学研究院涂恩来主要编写，福建省电力检修公司黄国敏、陈影、郑哲人、福州电业局吴簪麟等参与编写；福建省电力有限公司运维检修部陈新主审，福建省电力科学研究院连鸿松、南平电业局杨建平、三明电业局李勇明、厦门电业局刘志平、莆田电业局罗毅、泉州电业局王恒山、沈谢林、漳州电业局陈艺鑫等参审。

本教材在编写、审定过程中得到了福建省电力有限公司有关单位领导和专家的大力支持和帮助，在此一并感谢。同时，也感谢中国电力出版社的大力支持。

由于编者能力所限及编写时间仓促，难免存在疏漏之处，恳请各位专家和读者提出宝贵意见。

contents 目录

第一部分 标准化作业培训

1 作业描述

根据电力变压器大修相关标准化作业指导书的内容介绍变压器吊罩解体大修的工艺流程、变压器油箱、器身及组部件的检修工作流程和质量标准要求。通过流程介绍和列表说明，掌握变压器吊罩解体大修所需工器具、材料使用方法、工作流程、质量标准、作业中的危险点预控、操作步骤、管理要求等内容。

2 工作流程

变压器大修工作流程如图 1-1 所示。

3 工作质量标准与控制

3.1 引用标准

GB 1094.1—1996 《电力变压器 第 1 部分 总则》

GB 10230.1—2007 《分接开关 第 1 部分：性能要求和试验方法》

GB 10230.2—2007 《分接开关 第 2 部分：应用导则》

GB/T 7252—2001 《变压器油中溶解气体分析和判断导则》

DL/T 573—2010 《电力变压器检修导则》

DL/T 574—2010 《变压器分接开关运行维修导则》

国家电网生技〔2005〕173 号 《110（66）kV～500kV 油浸式变压器（电抗器）检修规范》

3.2 质量控制

3.2.1 吊罩（芯）

（1）起吊时钢丝绳的夹角不应大于 60°，否则应采用专用吊具或调整钢丝绳套。

（2）起吊或落回钟罩（或器身）时速度应均匀，掌握好重心，防止倾斜。四角应系缆绳，使其保持平稳，应使高、低压侧引线，分接开关支架与箱壁间保持一定的间隙，防止碰伤。

（3）当钟罩（或器身）因受条件限制，起吊后不能移动而需在空中停留时，应采取支撑等防止坠落措施。

（4）吊装套管时，其斜度应与套管升高座的斜度基本一致，并用缆绳绑扎好，防止倾倒损坏瓷件。

（5）为防止绝缘件受潮，解体时应选择在晴天，平均空气湿度应小于 60%，并作好防护应急工作。

（6）各组件及零件应作好定位标色，以便按原位装复。

3.2.2 检查

（1）检查时切勿将金属等物品留在器身内。

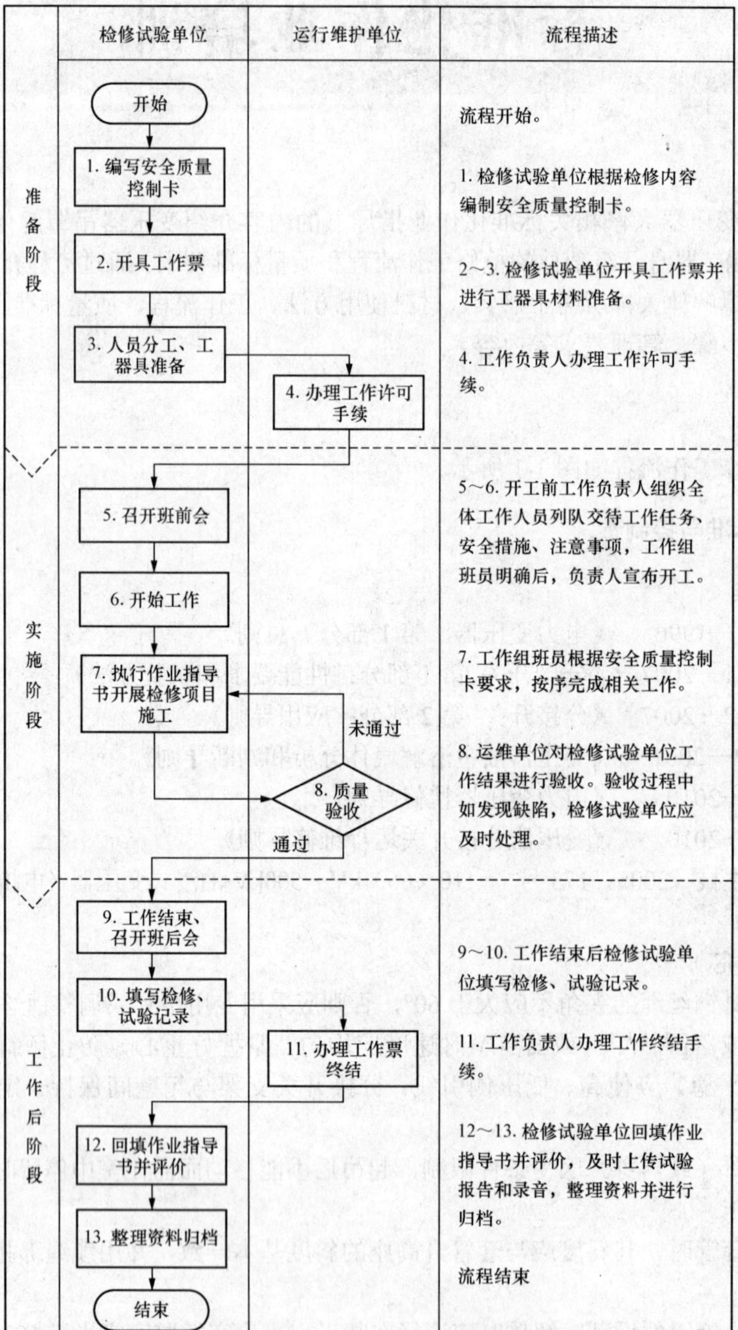

图 1-1　变压器大修工作流程图

（2）所有紧固件应用力矩扳手或液压设备进行定量紧固控制。

（3）专用工具应由专人保管，完工后须清点。

（4）定时对绝缘电阻进行检测，绝缘电阻如有下降趋势，应及时查找原因，采取措施或暂停检修。

（5）应进行检修前后相关的电气绝缘试验，以便检验检修质量。

（6）对所有的组部件，均要进行检查和测试，只有达到技术标准要求后才能装配。

3.2.3 油箱的检修

（1）油箱外表面焊缝应无渗漏点，油箱内、外面应洁净，无锈蚀，漆膜完整。

（2）检查磁（电）屏蔽装置固定牢固，无放电痕迹，可靠接地；器身定位钉定位装置不应造成铁芯多点接地现象，若影响应退出；各结构件应无松动现象，固定牢固。

（3）管道内部应清洁、无锈蚀、堵塞现象；管道连接牢固，在易变形之处可采用软连接方式；导油管固定于下夹件上的导向绝缘管，连接应牢固，无泄漏现象。

（4）法兰结合面应光滑、平整、清洁；密封胶垫接头黏合应牢固，并放置在油箱法兰直线部位的两螺栓的中间，搭接面应平放，搭接面长度不少于胶垫宽度的2～3倍，胶垫压缩量为其厚度的1/3左右，更换密封件，不得重复使用已用过的密封件。

（5）油箱整体密封检查，在储油柜内施加0.03～0.05MPa压力，24h不应渗漏。

3.2.4 铁芯的检修

（1）检查铁芯表面应平整清洁，无卷边，无片间短路或变色、放电烧伤痕迹，油道应畅通，无垫块脱落和堵塞，且应排列整齐。

（2）检查铁芯结构紧固情况，铁芯与上下夹件、方铁、压板、底脚板间均应保持良好绝缘；钢压板与铁芯间要有明显的均匀间隙；绝缘压板应保持完整，无破损、变形、开裂和裂纹现象；钢压板不得构成闭合回路，同时应有一点接地；金属结构间应无悬空现象，并有一点可靠接地；紧固件应用力矩扳手拧紧或锁牢。

（3）检查铁芯绝缘应完整、清洁，无放电烧伤和过热痕迹；铁芯组间、夹件、穿心螺栓、钢拉带绝缘良好，其绝缘电阻应无较大变化，并有一点可靠接地；铁芯接地片插入深度应足够牢靠，其外露部分应包扎绝缘，防止短路铁芯；铁芯组间绝缘电阻应大于10MΩ以上；铁芯对夹件及地绝缘电阻应大于50MΩ以上。

（4）检查电屏蔽或磁屏蔽表面应清洁，无变色，变形、过热、放电痕迹，固定应牢靠；用绝缘电阻表测量，绝缘电阻应大于1MΩ以上，接地应可靠。

3.2.5 绕组的检修

（1）检查相间隔板和围屏，应清洁、无破损、无变形、无发热和树枝状放电痕迹。

（2）围屏应绑扎紧固完整，分接引线出口处封闭良好。

（3）围屏的起头应放在绕组的垫块上，接头处应错开搭接，并防止油道堵塞。

（4）检查支撑围屏的长垫块应无爬电痕迹，若长垫块处在中部高场强区时，应尽可能割短，相间距离最小处的辐向垫块2～4个。

（5）相间隔板应完整并固定牢固；静电屏应清洁完整，对地绝缘良好，接地可靠。

（6）若发现异常应打开围屏作进一步检查。解开围屏目测或用内窥镜检查绕组应清洁，无变形、无过热变色、无放电痕迹。

（7）整个绕组无倾斜、位移，导线辐向无明显弹出现象；油道应保持畅通，无油垢及其他杂物积存；导线缠绕应紧密，绝缘完好无缺；绕组圆整度、内外径尺寸、高度等应符合技术要求；外观整齐清洁，绝缘及导线无破损。检查绕组各部垫块应无位移和松动情况；各部垫块应排列整齐，辐向间距相等，轴向成一垂直线，支撑牢固，有适当压紧力，垫块应外露出绕组的导线。用手指按压绕组表面检查绝缘老化状态。

3.2.6　引线及绝缘支架的检修

（1）检查引线及引线锥的绝缘包扎情况，引线绝缘包扎应完好，无变形、变脆、破损、断股、变色现象；对穿缆套管的穿缆引线应用白纱带半叠包一层；变压器引线应进行圆化处理，不应有毛刺和尖角；引线绝缘的厚度及间距应符合规定。

（2）检查绝缘支架应无破损、裂纹、弯曲变形及烧伤现象；绝缘支架与铁夹件的固定可用钢螺栓，绝缘件与绝缘支架的固定应用绝缘螺栓；两种固定螺栓均需有防松措施；绝缘固定应可靠，无松动和串动现象。

（3）绝缘夹件固定引线处应垫以附加绝缘，以防卡伤引线绝缘；引线固定用绝缘夹件的间距，应考虑在电动力的作用下，不致发生引线短路。

（4）检查引线与各部位之间的绝缘距离应不小于规定；对大电流引线（铜排或铝排）与箱壁间距，一般应大于100mm，并在铜（铝）排表面应包扎一层绝缘。

（5）用力矩扳手紧固所有螺栓使处在合适紧固状态。

3.2.7　冷却装置的检修

3.2.7.1　散热器的检修

（1）检查散热器内外表面焊缝应无渗漏点，油箱表面应洁净，无锈蚀，漆膜完整。

（2）清扫散热器表面，油垢严重时可用金属洗净（去污剂）清洗，然后用清水冲净晾干，清洗时管接头应可靠密封，防止进水。

（3）用盖板将接头法兰密封，加油压进行散热器密封性试验，片状散热器施加压力 0.05～0.1MPa，试验持续时间 10h，管状散热器施加压 0.1～0.15MPa，试验持续时间 10h。

3.2.7.2　冷却器的检修

（1）检查冷却器表面清洁，无锈蚀，漆膜完整，打开上、下油室端盖，检查冷却管应无阻塞现象，更换密封胶垫，更换放气塞、放油塞的密封胶垫，密封应良好。

（2）密封试验试漏标准：0.25～0.275MPa、30min 应无渗漏。

（3）清扫冷却器表面，并用 0.1MPa 压力的压缩空气（或水压）吹净管束间阻塞的灰尘、昆虫、草屑等杂物，若油垢严重可用金属洗净剂擦洗干净。

3.2.7.3　油泵及电动机的检修

（1）转动叶轮，检查叶轮、轴承及磨损情况，叶轮应无变形及磨损，轴承挡圈及滚珠应无损坏，转动应平稳、灵活，累计运行时间满 10 年左右的应予以更换。

（2）检查各部位的密封情况，更换所有密封件，密封件的压缩量为原厚度的 1/3。

（3）用 1000V 绝缘电阻表测量电动机定子绕组绝缘电阻，绝缘电阻值应大于或等于 1 MΩ。

（4）测量绕组直流电阻，三相互差不超过 2%。

3.2.7.4　风机的检修

（1）转动叶轮，检查叶轮、轴承磨损情况，叶片装配牢固，转动应平稳灵活，轴承挡圈及滚珠应无损坏；轴承转动应灵活，轴承累计运行时间 10 年以上可予以更换。

（2）用 1000V 绝缘电阻表测量电动机定子绕组绝缘电阻，绝缘电阻值应大于或等于 1 MΩ。

（3）测量绕组直流电阻，三相互差不超过 2%。

（4）拨动叶轮转动灵活后，接通电源试运转，运转应平稳、灵活、声音和谐，转向正确，各其他相同风机的工作电流基本相同。

3.2.7.5　油流继电器检修

（1）从冷却联管上拆下继电器，挡板轴孔、轴承，所有部件应完好，无明显磨损痕迹，挡板转动应灵活，转动方向与油流方向一致。

（2）检查挡板铆接牢固，无松动、开裂，检查弹簧安装牢固，弹力充足。

（3）指针的平垫及表盘应清洁，无灰尘，无锈蚀；用手转动挡板，当挡板旋转到极限位置时，微动开关应动作，动断触点打开，动合触点闭合。

（4）用1000V绝缘电阻表测量电动机定子绕组绝缘电阻，绝缘电阻值应大于或等于1MΩ。

3.2.8 套管的检修

3.2.8.1 纯瓷套管

检查和清扫瓷套表面，外表应清洁，无放电、裂纹、破损、渗漏现象；导电杆应完整无损，无放电、油垢、过热、烧损痕迹；绝缘筒包括带覆盖层的导电杆应完整，无放电、油垢痕迹，并处于干燥状态。

3.2.8.2 油纸电容式套管的检修

检查和清扫瓷套表面，外表应清洁，无放电、裂纹、破损、渗漏现象；末屏端子接地应可靠，绝缘应良好，连接端子应完整无损，油位应正常，若需补油，应实施真空注油。

3.2.9 套管型电流互感器的检修

（1）检查引出线的标记是否齐全，引出线接线柱胶垫密封无渗漏，引线和所包扎的绝缘应完好无损，引接线螺栓紧固连接可靠。

（2）检查绕组外绝缘，用1000V绝缘电阻表测量绕组的绝缘电阻大于或等于1MΩ。

3.2.10 储油柜的检修

3.2.10.1 胶囊式储油柜检修

（1）检查储油柜内外表面应清洁、无锈蚀。

（2）检查胶囊无老化开裂现象，检查胶囊密封性能，进行气压试验，压力为0.02～0.03MPa，时间12h（或浸泡在水池中检查有无气泡），应无渗漏。

（3）用白布擦净胶囊，从端部将胶囊放入储油柜，防止胶囊堵塞气体继电器联接管，联管口应加焊挡罩，为了防止油进入胶囊，胶囊出口应高于油位计与安全气道连管，且三者应相互连通。

（4）更换储油柜密封件，密封良好无渗漏，应耐受油压0.05MPa，6h无渗漏。

3.2.10.2 隔膜式储油柜检修

（1）检查储油柜内外表面应清洁、无锈蚀。

（2）检查隔膜密封良好，无渗漏，检查隔膜密封性能，进行气压试验，压力为0.02～0.03MPa，时间12h应无渗漏。

（3）分解中节法兰螺栓，卸下储油柜上节油箱，取出隔膜清扫，隔膜应保持清洁，完好。

（4）更换储油柜密封件，密封良好无渗漏，应耐受油压0.05MPa，6h无渗漏。

3.2.10.3 金属波纹式储油柜检修

（1）检查储油柜内外表面应清洁、无锈蚀；检查金属波纹节（管）无裂缝、损坏现象。

（2）检查金属波纹节（管）密封性能，在限定体积时耐受油压0.02～0.03MPa，时间12h应无渗漏。

（3）检查滑槽伸缩移动灵活，无卡涩现象。

（4）更换所有连接管道的法兰密封垫，保持连接法兰的平行和同心，确保接口密封和畅通，储油柜本体与各管道固定牢固。

3.2.10.4 油位计的检修

（1）检查油位计连杆应无变形折裂现象，传动齿轮无损坏，转动灵活，无卡轮、滑齿现象。

（2）主动、从动磁铁同步转动正确：连杆摆动45°时，指针应旋转270°，从“0”位置指示到“10”位置，传动灵活。

（3）更换密封件，密封应良好无渗漏。

（4）用1000V绝缘电阻表测量绝缘电阻应大于1MΩ。

3.2.11 气体继电器的检修

（1）检查气体继电器的容器、玻璃窗、放气阀门、放油塞、接线端子盒、小套管等各部件应完整清洁，接线端子及盖板上箭头标示应清晰正确，各接合处应无渗漏油，重瓦斯动作标志应与实际相符合。

（2）检查浮筒和挡板的机械转动部分应正确灵活。

（3）气体继电器密封检查，在常温下加压0.15MPa，持续30min应无渗漏，检验合格后，用合格的变压器油冲洗干净。

（4）接线柱间绝缘电阻用1000V绝缘电阻表检测绝缘电阻应大于1MΩ。

（5）气体继电器的安装，应使箭头朝向储油柜，继电器的放气塞应低于储油柜最低油面50mm，并便于气体继电器的抽芯检查。

（6）气体继电器的轻、重瓦斯保护动作正确。

3.2.12 温度计的检修

3.2.12.1 压力式（信号）温度计检修

（1）检查温包及金属细管不应有扭曲、损伤、变性且无泄漏、堵塞现象，金属细管弯曲半径不应小于75 mm。

（2）刻板应清洁完整无锈蚀现象，指示应正确清晰。

（3）用1000V绝缘电阻表测量，绝缘电阻大于1MΩ。

（4）将经校验合格的温度计固定在油箱座板上，变压器箱盖上的测温座中预先注入适量变压器油，确保安装指示正确，无渗水、渗油。

3.2.12.2 电阻温度计（含绕组温度计）检修

（1）检查温度计应清洁完整无锈蚀现象，指示应正确清晰，埋入元件应完整无损伤现象。

（2）检查二次回路连接可靠正确。

（3）将经校验合格的温度计固定好，变压器箱盖上的测温座中预先注入适量变压器油，再将测温热电偶安装在其中，确保安装指示正确，无渗水、渗油。

3.2.13 吸湿器的检修

（1）检查玻璃罩应清洁完好，检查吸附剂是否变色、碎裂、粉化，如超过2/3变色应更换，新装变色吸附剂应经干燥，颗粒不小于3mm，在顶盖下应留出1/5～1/6高度的空隙。

（2）更换胶垫，吸湿器应密封无渗漏。

（3）下部的油封罩内注入变压器油，油位线应高于呼吸管口，并能起到长期呼吸作用。

3.2.14 压力释放阀的检修

（1）清扫护罩和导流罩，清除积尘；检查各部连接螺栓及压力弹簧应完好，无锈蚀，无松动。

（2）检查微动开关触点应接触良好，信号正确。

（3）更换密封件，密封应良好不渗油；升高座如无放气塞应增设，防止积聚气体因温度变化发生误动。

3.2.15　突发压力继电器检修

（1）检查指示计应清洁完整无锈蚀现象，指示应正确清晰。

（2）更换吸湿剂，更换密封垫，检查微动开关、端子盒、端子、接线应无受潮，接线可靠正确。

（3）用1000V绝缘电阻表分别测量信号端子之间和对地之间的绝缘电阻应大于1MΩ。

（4）更换密封垫，按原位置安装，依次对角拧紧安装法兰螺栓，确保安装正确，无渗油。

3.2.16　阀门及塞子的检修

（1）检查阀门的转轴、挡板等部件应完整、灵活和严密，指示开、闭位置的标志清晰、正确。

（2）更换密封垫圈，经0.15MPa油压试验，挡板关闭严密、轴杆密封良好无渗漏。

（3）对变压器本体和附件各部的放油（气）塞、油样阀门等进行全面检查，并更换密封胶垫，各密封面无渗漏。

3.2.17　无励磁分接开关的检修

（1）检查开关各部件应完整无缺损，所有紧固件均应拧紧、锁住，无松动。

（2）检查操作手柄机械转动灵活，转轴密封良好，无卡滞，上部指示位置与下部实际接触位置应相一致，定位螺栓应处在正常位置，操作杆U型拨叉应保持良好接触，无悬浮状态。

（3）检查动静触头间接触是否良好，触头接触电阻应小于500μΩ，触头表面应光洁，无氧化变质、碰伤及镀层脱落，用0.02mm塞尺检查应无间隙，检查开关所有紧固件均应紧固，无松动，无放电、过热、烧损现象。

（4）检查分接开关绝缘件有无受潮、剥裂或变形，绝缘筒应完好、无破损、剥离开裂、变形，放电、表面清洁无油垢；操作杆绝缘良好，无弯曲变形。

3.2.18　有载分接开关的检修

（1）分接开关在检修时，切换开关本体暴露在空气中的时间一般不得超过10h。

（2）检查各紧固件应紧固无松动，快速机构的主弹簧、复位弹簧、爪卡应无变形或断裂现象。

（3）检查切换开关动、静触头的烧损程度，某一触头的烧损量超过3～4mm，就必须更换全部弧触头。

（4）检查并测量过渡电阻（阻值应在过渡触头开侧测量），其阻值与出厂数据偏差值不应大于±10%。

（5）测量每相单、双数与中性引出点间的回路电阻，每对触头接触电阻不大于500μΩ。

（6）来回切换切换开关，检查其动作情况，测量切换开关动、静触头的变换顺序，切换开关变换时间为35～50ms，过渡触头的桥接时间为2～7ms。

（7）检查保护间隙，记录烧损程度，最小间隙为5mm，必要时更换。

3.2.19　安全气道的检修

（1）检查防爆膜安装正确受力均匀，无裂缝，防爆膜片应采用玻璃片，禁止使用薄金属片，玻璃片厚度可选用2.5mm（管径ϕ150mm）、3mm（管径ϕ200mm）、4mm（管径ϕ250mm）；

（2）检查管道应清洁，无锈蚀，联管应畅通，无堵塞现象；

（3）注满合格的变压器油，并倒立静置4h不渗漏。

3.2.20　控制箱的检修

（1）对控制箱外壳除锈并进行油漆，控制箱内部无灰尘及杂物。

（2）检查电磁开关和热继电器触点有无烧损或接触不良，并进行调试。

（3）检查各部触点及端子板连接螺栓应无松动或丢失并进行补齐。

（4）用1000V绝缘电阻表测各回路绝缘电阻≥0.5MΩ。

（5）检查主电源是否互为备用，在故障状态下备用冷却器应能正确启动。

3.2.21　装配

（1）装配前应确认所有组、部件均符合技术要求，彻底清理，使外观清洁，无油污和杂物，并用合格的变压器油冲洗与油直接接触的组、部件。

（2）结合本体检修更换所有密封件。

（3）装配时，应按图纸装配，确保各种电气距离符合要求，各组部件装配到位，固定牢靠。同时应保持油箱内部的清洁，防止有杂物掉入油箱内，如有任何东西可能掉入油箱内，都应保证排除。

（4）穿过穿缆套管的引线应用绝缘白布带包扎，以防裸露引线与套管的导管相碰，分流烧坏引线及钢管。

（5）安装穿缆套管时应防止引线扭结，不得过分用力吊拉引线。如引线过长或过短应查明原因后予以处理。

（6）套管与母线连接后，套管不应受过大的横向力，如用母排连接时，应有伸缩节，以防套管过度受力引起渗漏；如用母线连接，当垂直高度较大时要采用引线分水措施。

（7）变压器内部的引线不能过分紧，以免运行中由于振动或热胀冷缩拉损。

（8）无用的定位装置，可拆除，以免产生多点接地。

（9）无励磁分接开关的操作连杆的拔叉应用弹簧联结，以免产生悬浮放电。

（10）所有连接或紧固处均应用锁母紧固。

（11）装配后，应及时清理工作现场，清洁油箱及各组部件。

3.2.22　油过滤

（1）滤油机等电源线及开关应满足负荷要求，使用中应密切监视各电气设备和电线、电缆情况。滤油机及滤油金属管道、被滤油的设备外壳和油箱都要接地，防止油流摩擦产生静电。

（2）滤油管道内部必须清洁，严防脏污水分进入。滤油过程要经常注意油的循环，油面、压力、油泵和电动机是否正常。

（3）停止滤油时不可先关闭出油阀，防止油压升高发生事故。开机前要先打开出油阀，停机时要先关闭进油阀。

（4）热油循环时须在油循环正常后才可接通电热器的电源；停机时先断开电热器的电源，待冷却几分钟后再停油泵。油温不得超过规定值（一般滤油温度不超过65℃）。

（5）使用真空滤油机应注意要在起动冷却泵后且水流正常时，才能起动真空泵。必须监视冷却水的情况，无冷却水时应立即停下本真空泵。

（6）滤油场所要注意防火，及时清除易燃物及残油，并备有防火器材。

（7）检修现场应准备充足的变压器油存储容器，容器应保持清洁，并能密封。

3.2.23　真空注油

3.2.23.1　真空注油

（1）变压器原本体油应在现场过滤处理合格。

（2）各种油容器、滤油机各部管道进行严格检查并用合格油清洗干净，应注意密封、防尘、防潮。

（3）变压器油箱抽真空时检查各部位密封情况。真空度按厂家规定执行。

（4）根据地区最低温度，选用不同牌号的变压器油。检修后注入变压器内的变压器油，其质量应符合 GB/T 7595 的规定。

（5）补充不同牌号的变压器油时，应先做混油试验，合格后方可使用。

（6）110kV 及以上的变压器应采用真空注油。具备带储油柜真空注油条件的应带储油柜真空注油，但应将储油柜本身与胶囊袋、隔膜和有载分接开关的储油柜连通的隔离阀打开，或用临时联管进行连接后同时抽真空，以免将胶囊袋、隔膜和有载分接开关的绝缘筒损坏；在有载分接开关与本体之间最大压差不能超过 0.1MPa，即主体抽真空时，开关内不能注油，主体真空注油结束后，有载开关注油时，不能对开关抽真空，以防止叠加压力大于 0.1MPa。

（7）对 220kV 及以上电压等级变压器，真空注油时，变压器进油口油温应在 40℃以上。

（8）所注油应为经滤油机处理过合格的变压器油。维持厂家规定残压，油面淹没绕组，真空注油速度 3～5t/h。

（9）为防止真空泵停用或发生故障时，真空泵润滑油被吸入变压器本体，真空系统应装设逆止阀或缓冲罐。

（10）注油时禁止使用麦氏真空表，以防麦氏表中的水银吸入变压器本体。

（11）注油时应采用透明管。为防止管道破损吸入杂物进箱体，应在箱体结口处加装逆止阀等措施。

（12）注油过程应避免在雨天进行，其真空度、持续时间、注油速度等应严格按照制造厂的要求进行。

（13）安装完毕后在储油柜内应进行 0.05MPa、12h 的密封试验，变压器各部位应无渗漏现象。

（14）真空注油结束后，应维持本体真空，按厂家规定执行。

（15）注油 24h 后，应从变压器底部放油阀（塞）采取油样进行化验与色谱分析。

3.2.23.2 补油

（1）补充油均在现场过滤处理合格。

（2）补油也应真空注油，注油时应经储油柜注入。

（3）用满油排气法补充油。

1）将储油柜和油箱连通，打开储油柜上部塞子和呼吸管，从储油柜进油阀注油，逐个打开散热器、升高座、低压侧套管、气体继电器排气口直至油冒出来后拧紧，继续注油直到储油柜排气孔溢出油为止，关闭储油柜上部塞子。

2）从储油柜的放油阀放油，根据油位与温度曲线，将油位降至正常位置（即当时温度加 5℃）。

3）投运前应多次放去气体继电器，各升高座、散热器等上部的残存空气。

3.2.23.3 热油循环

（1）为提高变压器绝缘，在真空注油后应进行热油循环，根据有关规定和制造厂要求进行。

（2）对于真空注油到储油柜额定油位时进行热油循环可不再抽真空；对于真空注油到离器身顶盖 200mm 处时，热油循环须抽真空。

（3）热油循环时，真空滤油设备的出口温度不应低于 50℃，油箱内的温度不应低于 40℃，冷却器内的油应与油箱内的油同时进行热油循环。

（4）热油循环结束后，应从套管、升高座、冷却装置、气体继电器及压力释放装置等部位进行多次放气，有潜油泵还应启动潜油泵，直至残余气体排尽。

3.2.24 试验

（1）试验项目及标准严格执行 Q/GDW 168—2008《输变电设备状态检修试验规程》。

（2）特殊试验项目（结合每台变压器实际情况进行）。

（3）参照《9 变压器例行试验》。

4 安全风险分析与预控说明

4.1 危险点：人身触电

检修时，以下情况可能造成触电：

（1）拆接电源时人员触电。

（2）误入带电间隔。

（3）低压交直流电源倒送造成触电；

（4）现场使用高空作业车操作不规范造成触电；

（5）忽视对特种作业人员（如高空作业车司机）、外协工作人员、临时工的安全交底及监护，造成触电。

防范措施

（1）拆接电源应两人进行，一人监护一人操作，防止人身触电事故。

（2）进入现场时，先将工作现场设备双重编号与工作票上工作内容设备安全编号核对无误，并检查安全措施完善，防止作业人员误入带电间隔或与带电设备距离不足的触电伤害。

（3）断开冷却系统的电源，并在刀闸或空开操作把手上挂“禁止合闸，有人工作”标示牌；取下熔断器，确认无电压后，方可开始工作。

（4）现场使用高空作业车应设专人指挥、专人监护；高空作业车分臂、伸臂、转向时应与母线、变电站内设备保持足够的安全距离；带电设备区域内使用高空作业车时，车身应使用不小于 $16mm^2$ 的软铜线可靠接地。

（5）工作负责人应认真对特种作业人员、外协工作人员、临时工认真进行安全交底、危险点告知和安全知识教育；外协工作人员、临时工确认被告知内容后应履行交底签名手续，方可参加工作。

4.2 危险点：火灾

防范措施

（1）作业现场应配足合格有效的干粉灭火器。

（2）严禁带火种进入作业现场，变压器身上严禁动火。

（3）作业现场严禁跑漏油。

（4）油管与电源线应分开布置，不得交叉穿越。

（5）现场若需动火，应执行动火工作票制度；气割时，氧气瓶与乙炔瓶应竖立放置并固定，两者应保持 8m 以上的距离；同时应远离热源，至少保持 10m 以上的距离。炎热天气还应做好氧气瓶、乙炔瓶防暴晒措施。

4.3　危险点：高处坠落

变压器一次设备引线拆、装过程中，造成高空坠落；变压器顶盖工作面湿滑造成坠落。

防范措施

（1）变压器一次设备引线拆、装应使用高空作业车或搭脚手架。

（2）正确使用安全带（绳），严禁低挂高用或系挂在不牢固的构件上。

（3）高度超过 1.5m 处作业，应使用安全带。变压器上高处作业（接取检修电源时、工作间断或收工时）应断开电源箱总电源并上锁。

4.4　危险点：起重作业不规范

起吊铁芯、套管、吊罩等作业不规范引起设备和人员伤害。

防范措施

（1）起重机械必须持证驾驶、操作和指挥，起重过程应分工明确，专人指挥，并有统一信号且信号应正确无歧义。

（2）吊车支腿应完全伸出，并支撑在牢固的地面上。

（3）所有物件吊装时，应先试吊（吊离基准面 10cm 暂停并检查）正常后方可正式起吊。

（4）起降速度应均匀，不得忽快忽慢，不得斜拉斜吊。

（5）吊物不得在空中长时间停留。

（6）休息时应将吊臂归位，吊车熄火并取下钥匙。

（7）起重机械必须接地，接地线必须采用截面大于 $16mm^2$ 多股软铜线。

（8）所有起重工器具应经验收合格并在有效期内；任何起重工器具每次使用前均必须认真再次检查合格后方可使用，并做好记录。

（9）绳索应绑扎在专用的吊点上，吊装角度与升高座的角度应一致，并采取防倾倒措施，不得强拆强装。

（10）起吊前应再次确认套管已完全分离，应使用缆风绳控制物件。

（11）拆装工具应采取防滑、防脱手措施。

（12）套管引出线的牵引绳应使用高强度的尼龙绳，不得使用铁丝。

4.5　危险点：绝缘油处理时操作不当引起设备和油损伤

防范措施

（1）滤油机等电源线及开关应满足负荷要求，使用中应密切监视各电气设备和电线、电缆情况。滤油机及滤油金属管道、被滤油的设备外壳和油箱都要接地，防止油流摩擦产生静电。

（2）滤油管道内部必须清洁，严防脏污水分进入。滤油过程要经常注意油的循环，油面、压力、油泵和电动机是否正常。

（3）停止滤油时不可先关闭出油阀，防止油压升高发生事故。开机前要先打开出油阀，停机时要先关闭进油阀。

（4）热油循环时须在油循环正常后才可接通电热器的电源；停机时先断开电热器的电源，待冷却几分钟后再停油泵。油温不得超过规定值（一般滤油温度不超过 65±5℃）。

（5）烘箱温度不可超过 95℃。烘箱应有专门的电源开关，看护人员离开时要切除电源并挂上“严禁合闸”的警告牌。

（6）使用真空滤油机应注意要在起动冷却泵后且水流正常时，才能起动真空泵。必须监视冷却水的情况，无冷却水时应立即停下本真空泵。

5 管理及记录要求

（1）召开班前会和班后会。

（2）工作前编制作业指导书。

（3）开具工作票并办理相关工作手续。

6 作业案例

220kV 变压器的大修（见第二部分）。

6.1 作业前准备

（1）检修前应熟悉现场工作环境，了解检修目的以及检修作业的各个环节，收集变压器历史检修及运行情况，做好全面的勘察工作。

（2）对收集的资料进行细致分析，结合现场情况，制定出详细的检修作业指导书并履行相关审批。

（3）按方案进行材料、备品备件的准备、提前做好有关备件检验工作。

（4）按方案进行施工（含起重）设备、仪器、仪表、工器具的准备，确保合格有效。

（5）落实现场检修电源，以满足工作需要。

（6）做好人员的组织及分工工作。

（7）组织工作人员进行作业指导书的学习及交底工作，并做好记录。

（8）做好停电申请及跟踪批复工作，确保停电措施正确。

（9）签发好工作票，并在开工前一天送达变电站，确保工作票正确。

6.2 作业中控制

6.2.1 吊罩起重机械、吊索的选择

变压器上节油箱的重量 G	10.5t
上方构架下缘高度 H（以吊车停放地面为基准面，下同）	16m
吊车车身高度 h	3m
吊车吊钩收到极限位置的固有长度 h_1	1.7m
变压器器身高度 h_2（器身顶部到基准面距离）	3.3m
变压器上节油箱高度 h_3	1.7m
吊耳的横向间隔 m	3m
吊耳的纵向间隔 n	4m
吊车作业半径 R	7m

（1）计算所需主要资料数据，如图 1-2 所示。

（2）起重机械的选择：后吊按起重机械额定起重量的 80%计算，侧吊按起重机械额定起重量的 75%计算。由以上数据计算得（以侧吊为例）

起重机械臂长 L：$L=\sqrt{R^2+(H-h)^2}=\sqrt{7^2+(16-3)^2}=14.8(\text{m})$

起重机械的起重量 Q：$Q \geqslant G/0.75=10.5/0.75=14$（t）

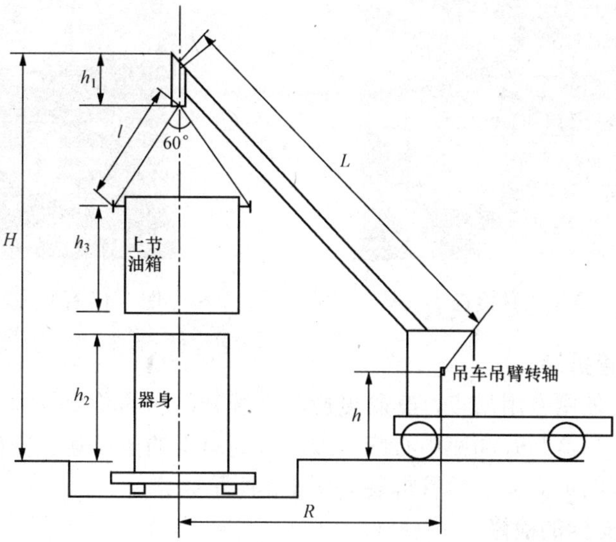

图 1-2　起重机械选择示意图

应选择的起重机械为：作业半径 7.0m、起重机械臂长 14.8m 时，对应的起重量不小于 14t，经查阅起重机械参数表，选用 35t 及以上的汽车起重机。

（3）吊索的选择：吊绳的夹角不应大于 60°，长度应满足要求，每个吊点均使用两根柔性吊带中间串手拉链条葫芦组合索具。由以上数据计算得

吊绳的长度：$l \leqslant \sqrt{(H-h_1-h_2-h_3)^2+\left(\dfrac{m}{2}\right)^2+\left(\dfrac{n}{2}\right)^2}=9.66(\text{m})$

当吊绳的长度选取 6m 时，吊绳的夹角 2δ：$\sin\delta=\dfrac{\sqrt{m^2+n^2}}{2l}$，$\sin\delta$ 小于 1/2，吊绳的负载状态较好。

吊绳的最大安全工作载荷 W：$W \geqslant k \times G=10 \times 10.5=105$（t），$k$ 为安全系数，$k=10$，（依据《国家电网公司电力安全工作规程（变电部分）》）

应选择的吊索为：按吊装高度及吊绳的夹角以及吊带的技术参数，吊索选用 20t×2m 柔性吊带与 20t×1.0m 柔性吊带，各 4 根串接 20t 手拉链条葫芦，共需 8 根吊带和 4 只葫芦。

6.2.2　检查

检查时切勿将金属等物品留在器身内。所有紧固件应用力矩扳手或液压设备进行定量紧固控制。专用工具应由专人保管，完工后须清点，如图 1-3 所示。

6.2.3　吊罩（芯）

起吊或落回钟罩（或器身）时速度应均匀，掌握好重心，防止倾斜。四角应系缆绳，使其保持平稳。

当钟罩（或器身）因受条件限制，起吊后不能移动而需在空中停留时，应采取支撑等防止坠落措施，如图 1-4 所示。

图 1-3　专用工具检查

图 1-4　采取支撑防止吊罩坠落

6.2.4　升高座及套管拆装

吊装套管时，应使用专用吊点，其斜度应与套管升高座的斜度基本一致，并用缆绳绑扎好，升高座内电流互感器与升高座中心应一致；升高座上的电流互感器铭牌面向油箱外侧；放气位置应在升高座的最高处。套管拆装如图 1-5 所示。

6.2.5　引线与绝缘支架的检修

检查引线与各部位之间的绝缘距离应不小于规定；对大电流引线（铜排或铝排）与箱壁间距一般应大于 100mm，并在铜（铝）排表面应包扎一层绝缘，如图 1-6 所示。

图 1-5　套管拆装

图 1-6　大电流引线（铜排或铝排）与箱壁间距

6.2.6　绕组的检修

整个绕组无倾斜、位移，导线辐向无明显弹出现象；导线缠绕应紧密，绝缘完好无缺；绕组圆整度、内外径尺寸、高度等应符合技术要求；外观整齐清洁，绝缘及导线无破损。检查绕组各部垫块应无位移和松动情况；各部垫块应排列整齐，辐向间距相等，轴向成一垂直线，支撑牢固，有适当压紧力，垫块应外露出绕组的导线。用手指按压绕组表面检查绝缘老化状态，如图 1-7 所示。

6.2.7　胶囊式储油柜检修

检查胶囊无老化开裂现象，检查胶囊密封性能，进行气压试验，压力为 0.02～0.03MPa，时间 12h（或浸泡在水池中检查有无气泡），应无渗漏，如图 1-8 所示。

图 1-7　绕组检修

图 1-8　胶囊式储油柜检修

6.2.8　有载分接开关的检修

检查各紧固件应紧固无松动，快速机构的主弹簧、复位弹簧、爪卡应无变形或断裂现象；检查切换开关动、静触头的烧损程度，某一触头的烧损量超过 3～4mm，就必须更换全部弧触头，如图 1-9 所示。

6.2.9　套管型电流互感器的检修

检查引出线的标记是否齐全，引出线接线柱胶垫密封无渗漏，引线和所包扎的绝缘应完好无损，引接线螺栓紧固连接可靠，如图 1-10 所示。

图 1-9　有载分接开关检修

图 1-10　电流互感器引出线检查

6.2.10　真空注油

（1）将专用真空机组的真空管及组合表通过三通法兰与变压器油箱顶部连接。

（2）在分接开关头上注油法兰与变压器溢出法兰之间安装旁通管。

（3）起动真空机组，对变压器油箱抽真空并检查各部位密封情况。220kV 变压器真空度残压 200Pa 维持 1h。抽真空过程应密切注意记录油箱变形情况，变形量不得超过变压器油箱壁厚的 2 倍。

（4）维持残压 500Pa 以下，从油箱下部注入经滤油机处理过的合格变压器油，油面淹没绕组，真空注油速度 100L/min。

6.2.11　补油

（1）拆去 3 旁通管、变压器附件装完毕后，用满油排气法补充油。

（2）将储油柜和油箱连通，打开储油柜上部塞子和呼吸管，从储油柜进油阀注油，逐个打开散热器、升高座、低压侧套管、气体继电器排气嘴直至油冒出来后拧紧，继续注油直到储油柜排气孔溢出油为止，关闭储油柜上部塞子。

（3）再从储油柜的放油阀放油，根据油位与温度曲线，将油位降至正常位置（即当时温度加 5℃）。

（4）投运前应多次放去气体继电器，各升高座、散热器等上部的残存空气。

6.2.12 热油循环

（1）为提高变压器绝缘，在真空注油后应进行热油循环。

（2）对于真空注油到储油柜额定油位时进行热油循环可不再抽真空；对于真空注油到离器身顶盖 200mm 处时，热油循环须抽真空。

（3）热油循环时真空滤油设备的出口温度不应低于 50℃，油箱内的温度不应低于 40℃，冷却器内的油应与油箱内的油同时进行热油循环。

（4）热油循环结束后，应从套管、升高座、冷却装置、气体继电器及压力释放装置等部位进行多次放气，直至残余气体排尽。

6.2.13 整体密封检查

变压器安装结束后，应在储油柜上用气压或油压进行整体密封试验，其压力为箱盖上能承受的 0.03MPa 压力。试验持续时间为 24h，应无渗漏。

6.3 作业后小结

（1）收集检修中的所有文件、记录，确保完整。

（2）编制相关检修试验报告，并履行审批。

（3）做好大修总结工作。

（4）做好大修资料的归档工作。

（5）做好变压器投运后的跟踪工作。

思考与练习

1．变压器大修前应做好哪些准备工作？

2．简述变压器真空注油时有哪些注意要点。

3．绕组检查内容有哪些？

1 标准化作业指导书

220kV××变电站××主变压器大修作业指导书

编写：______________________ _____年___月___日

审核：______________________ _____年___月___日

批准：______________________ _____年___月___日

工作负责人：

作业日期：　　年　月　日　时 至　　年　月　日　时

××××公司

1 范围

本作业指导书适用于220kV变压器（钟罩式）大修作业。

2 引用文件

GB 1094.1—1996 《电力变压器 第1部分 总则》
GB 1094.2—1996 《电力变压器 第2部分 温升》
GB 1094.3—2003 《电力变压器 第3部分 绝缘水平、绝缘试验和外绝缘空气间隙》
GB 1094.5—2008 《电力变压器 第5部分 承受短路的能力》
GB 10230.1—2007 《分接开关 第1部分：性能要求和试验方法》
GB 10230.2—2007 《分接开关 第2部分：应用导则》
GB/T 7252—2001 《变压器油中溶解气体分析和判断导则》
DL/T 573—2010 《电力变压器检修导则》
DL/T 574—2010 《变压器分接开关运行维修导则》
国家电网生技〔2005〕173号 110（66）kV～500kV油浸式变压器（电抗器）检修规范

3 修前准备

3.1 准备工作安排

√	序号	内　　容	标　　准	责任人	备注
	1	开工前10天，向有关部门上报本次工作的材料计划	根据摸底时设备状况及需执行的反措计划		
	2	在工作前7天提交相关停役申请			
	3	开工前3天，准备好施工所需仪器仪表、工器具、相关材料、相关图纸及相关技术资料	仪器仪表、工器具应试验合格，满足本次施工的要求，材料应齐全，图纸及资料应符合现场实际情况		
	4	开工前确定现场工器具摆放位置	现场工器具摆放位置参考定置图，确保现场施工安全、可靠		
	5	根据本次作业内容和性质确定好检修人员，并组织学习本指导书	要求所有工作人员都明确本次工作的作业内容、进度要求、作业标准及安全注意事项		
	6	填写第一种工作票，在开工前一天交值班员	工作票应填写正确，并按《电业安全工作规程》执行		

3.2 作业人员要求

√	序号	内　　容	责任人	备　注
	1	现场工作人员的身体状况、精神状态良好		
	2	作业辅助人员（外来）必须经负责施教的人员，对其进行安全措施、作业范围、安全注意事项等方面施教后方可参加工作		
	3	特殊工种（吊车司机、电焊工）必须持有效证件上岗		

表（续）

√	序号	内　容	责任人	备　注
	4	所有作业人员必须具备必要的电气知识，基本掌握本专业作业技能及《电业安全工作规程》的相关知识，并经《电业安全工作规程》考试合格		
	5	作业负责人必须是经单位批准		

3.3 备品备件

√	序号	名　　称	规　　格	单位	数量	备　　注
	1	密封圈		套	1	
	2	气体继电器		只	1	
	3	压力释放阀		只	1	
	4	温度计		只	1	
	5	蝶阀		只	5	
	6	备用油		t	5	

3.4 工器具

√	序号	名　　称	规　　格	单位	数量	备　　注
	1	梅花扳手	8-24	套	1	
	2	呆扳手	8-19	套	1	
	3	活动扳手	6″、8″、10″、12″、15″、18″	把	14	6″、8″、10″各2把，12″4把，15″、18″各2把
	4	老虎钳	8″	把	2	
	5	尖嘴钳	6″	把	2	
	6	十字螺丝刀	4″～6″	把	4	各2
	7	一字螺丝刀	3″、4″、6″	把	6	各2
	8	铁榔头	1、2、4磅	把	4	其中4磅2把，其余各1把
	9	木榔头	大号、中号	把	2	各1
	10	套筒扳手	28件	套	2	
	11	微型套筒	12件	副	1	
	12	管子钳	12″、16″	把	2	各1
	13	仪表螺丝刀	十字、一字	把	2	
	14	锉刀	12″半圆、圆、平	把	3	各1
	15	钢丝刷	钢、铜	把	2	各1
	16	铲刀	—	把	2	
	17	氮气	99.999%	瓶	6	露点＜-40℃
	18	减压器	氧气专用	只	2	

表（续）

√	序号	名称	规格	单位	数量	备注
	19	拉马	三脚、二脚	副	2	各 1
	20	油盘	中、小，自制	只	2	
	21	保险带	DW2Y	副	4	
	22	竹梯	15、17、19 挡	把	3	各一
	23	水冲机	QL-270	套	1	连水管
	24	墙纸刀	—	把	3	
	25	电源接线盘	AC220V、AC380V	只	3	其中 220V 2 只
	26	力矩扳手	0～150N・m	把	1	
	27	气泵	QL60-220	台	3	
	28	喷漆枪	PQ-1	把	6	
	29	吊车	25t	辆	1	
	30	高空作业车	17m	辆	1	
	31	手拉葫芦	1t	只	1	安监、技监部门检测合格
	32	吊罩专用吊带	ϕ22mm	副	1	
	33	吊带	吊 220kV、110kV 套管专用	副	2	
	34	吊带	吊储油柜专用	副	1	
	35	专用钢丝	ϕ9、ϕ11、ϕ13	副	若干	
	36	葫芦	5t、吊罩专用	只	2	安监、技监部门检测合格
	37	重垂	0.25	只	2	
	38	导向杆	16mm	支	4	
	39	撬杆	—	支	3	
	40	道木	长	支	10	
	41	真空泵	ZQ135	台	1	
	42	油汽离器	自制	只	1	
	43	电动拔手	大、小	把	2	各 1
	44	开口桶	自制	只	1	
	45	油罐	20t、10t、1.5t	只	3	
	46	真空滤油机		台	1	
	47	压力滤油机	120L/min	台	2	
	48	板式滤油机		台	1	
	49	双级真空滤油机		台	1	
	50	高真空智能净油机	ZLJ-125	台	1	
	51	干燥烘箱	101 型	台	1	
	52	真空机组	JZJX-300	台	1	
	53	塑料加强管	1.2"	m	50	
	54	电烙铁	100、250W	把	2	
	55	万用表	—	只	1	常规型、合格

表（续）

√	序号	名　　称	规　　格	单位	数量	备　　注
	56	绝缘电阻表	500V	只	1	
	57	夹柄起子	大	把	2	
	58	剪刀	大号、中号	把	2	
	59	圈尺	5、10m	把	2	
	60	直尺	60、100cm	把	2	
	61	电钻	JIZ-SD03-13A	把	1	
	62	麻花钻头	6、13mm	支	6	各 3
	63	斜口钳	6 寸	把	2	
	64	手电筒	—	支	1	
	65	应急灯	RJW7100	盏	2	
	66	压力表	0.01/0.2MPa	只	5	
	67	真空表	0/-0.1MPa	只	2	
	68	真空压力表	0.1/-0.1MPa	只	2	
	69	电子式真空表	533.2-6.65×10^{-1}Pa	套	1	连支架
	70	数字高压绝缘电阻表	10MΩ~200GΩ	套	1	
	71	充气接头	自制	只	3	
	72	皮冲	3～300mm	套	1	
	73	钢锯架	300mm	只	2	附锯条若干
	74	橡皮割刀	自制	把		附自制割刀片
	75	电动扳手	大、小	把	2	各 1
	76	电焊机	BX-100	台	1	附面罩、手套、焊条等
	77	气割设备	—	套	1	
	78	割橡皮斜头	自制	只	5	
	79	钻子	自制	只	1	穿尼龙线用
	80	油盘	自制	只	3	
	81	存放螺丝容器	自制	只	3	
	82	塞尺	0.02～1mm	套	1	
	83	水平尺	铸铁	只	1	
	84	紧固屏用工具	专用	只	2	
	85	套管专用架子	110、220kV	只	6	各 3
	86	滑轮	自制、拉 220kV、110kV 引线专用	只	1	
	87	茶壶	加变压器油专用	只	1	
	88	雨布	大、中、小挡	块	3	各 1
	89	调漆筒	自制	只	1	
	90	散热器压力试验工具	自制	套	1	
	91	拆电机工具	专用	套	1	

表（续）

√	序号	名称	规格	单位	数量	备注
	92	游标卡尺	0～125mm	把	1	
	93	连体防油衣裤	—	套	2	
	94	耐油靴	40码、42码	双	2	各1

3.5 材料

√	序号	名称	规格	单位	数量	备注
	1	小毛巾	—	块	50	
	2	白布	—	m	20	
	3	铁砂纸	1号	张	10	
	4	银砂纸	0号	张	5	
	5	绝缘胶带	—	圈	5	
	6	塑料带	—	圈	3	
	7	尼龙薄膜	—	kg	20	
	8	变色硅胶	500g	瓶	10	
	9	棉纱头	—	kg	20	
	10	纱带	直纹	圈	3	
	11	纱带	斜纹	圈	3	
	12	自粘胶带	KCJ-21	圈	3	
	13	牛油	1kg/包	包	1	
	14	电力脂	—	包	2	
	15	无水乙醇	分析纯	瓶	10	
	16	铁丝	10、16号	kg	3	各1.5
	17	醇酸漆	黄、绿、红、黑	kg	4	各1kg
	18	醇酸漆	中灰	kg	20	
	19	醇酸漆	白色	kg	35	
	20	漆刷帚	1"、1.5"、2"	把	10	
	21	防锈漆	—	kg	4	
	22	金属清洗剂	—	kg	10	
	23	洗手液	—	瓶	5	
	24	玻璃胶	—	支	2	
	25	洗涤型汽油	70号	L	10	
	26	不锈钢螺栓	M12×60、M16×65	套	80	各40
	27	镀锌螺栓	M12×45、M12×60	套	80	各40
	28	镀锌螺栓	M10×45、M10×50	套	70	各35
	29	镀锌螺栓	M8×30、M8×45	套	60	各30
	30	镀锌螺栓	M6×30、M8×45	套	60	各30

表（续）

√	序号	名　　称	规　　格	单位	数量	备　　注
	31	镀锌螺栓	M5×10、M5×25	套	50	各 25、25
	32	钢锯条	细齿	支	20	
	33	白布挂	医用	件	5	变压器喷漆用
	34	披风帽	—	顶	10	变压器喷漆用
	35	布袖套	—	副	20	变压器喷漆用
	36	耐油橡胶平板	4mm	kg	10	
	37	耐油橡胶平板	6mm	kg	15	
	38	耐油橡胶平板	8mm	kg	20	
	39	丙酮	—	瓶	1	
	40	密封胶水	半液态	瓶	6	
	41	乐泰胶	405	支	1	
	42	乐泰胶	406	支	1	
	43	皱纹纸	绝缘	圈	2	
	44	电工纸板	2mm	张	2	
	45	电缆纸	0.12mm	m	50	
	46	松动剂	—	瓶	1	
	47	琴线	—	卷	2	
	48	口罩	—	只	15	
	49	洗衣粉	—	包	2	
	50	记号笔	极细	支	6	

3.6　定置图及围栏图

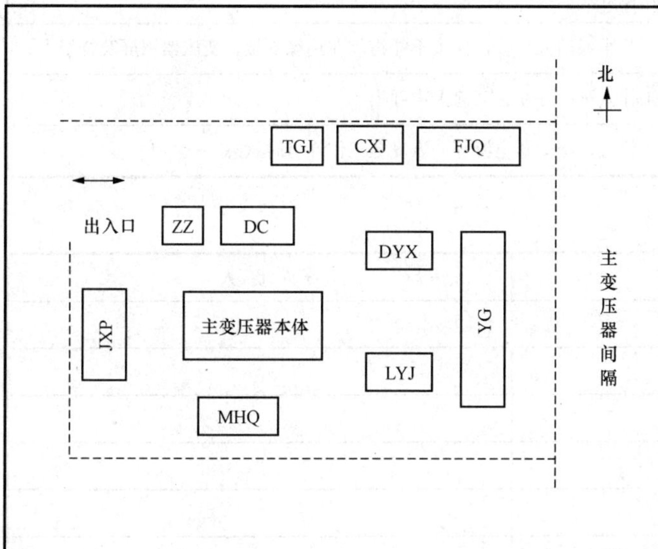

序号	符号	名称	单位	数量
10	LYJ	滤油机	台	1
9	DYX	电源箱	只	1
8	MHQ	灭火器	个	2
7	JXP	检修棚	个	1
6	CXJ	冲洗机	台	1
5	ZZ	钟罩	只	1
4	TGJ	套管架	只	1
3	YG	油罐	个	1
2	FJQ	附件区	个	1
1	DC	吊车	辆	1

3.7 危险点分析

√	序号	内　容
	1	误入带电间隔
	2	起吊时指挥不规范或监护人员不到位，易引起误操作
	3	起重不规范或使用已损坏起重设备，会引起设备损坏或人员伤亡
	4	检修电源设备损坏或接线不规范，有可能导致低压触电
	5	高空作业（瓷套外观检查及搭头检查等工作）时高空坠落
	6	滤油时油温过高导致油老化

3.8 安全措施

√	序号	内　容
	1	确认现场安全措施与工作票上所列安全措施一致； 攀登设备前，须核对设备的双重名称、编号
	2	全体工作人员必须正确、合理使用劳保用品，不允许带金属物品（如戒指、手表等）上器身检查
	3	任务、分工明确，起重专人指挥使用统一标准信号、监护吊臂回转方向
	4	指挥及监护人员应是起重专业培训合格人员
	5	拆装套管搭头时，套管表面应用海绵包裹，防止螺栓及工具跌下打破套管，工作人员须系保险带工作
	6	拆装220、110kV套管及拆搭头时、使用高空作业车，工作人员应将保险带拴在高空作业车作业斗上
	7	变压器上部作业时，注意防滑，储油柜顶部工作，规范使用保险带
	8	吊罩必须使用大罩的专用吊点
	9	吊罩期间，在变压器大罩四个方面用3分白棕绳定位，四面设专人监视，要注意观察钟罩与器身附件的间隙，严防大罩偏位而碰撞器身
	10	设立现场工器具管理专职人员，做好发放及回收清点工作，并作记录
	11	上、下变压器用的梯子应用绳子扎牢或用人扶住，梯子不能搭靠在绝缘支架、变压器围屏及绕组上
	12	起动冷却系统前，应通知全体工作人员，并在起动前大声呼唱
	13	工作结束前，将设备（分接开关位置、冷却器电源等）恢复至工作许可时状态

3.9 人员分工

√	序号	作 业 项 目	负 责 人
	1	变压器吊罩施工	
	2	铁芯检查	
	3	安全监护	
	4	材料、资料及工器具管理	
	5	吊车指挥	
	6	四角浪风绳管理	

4 作业流程图

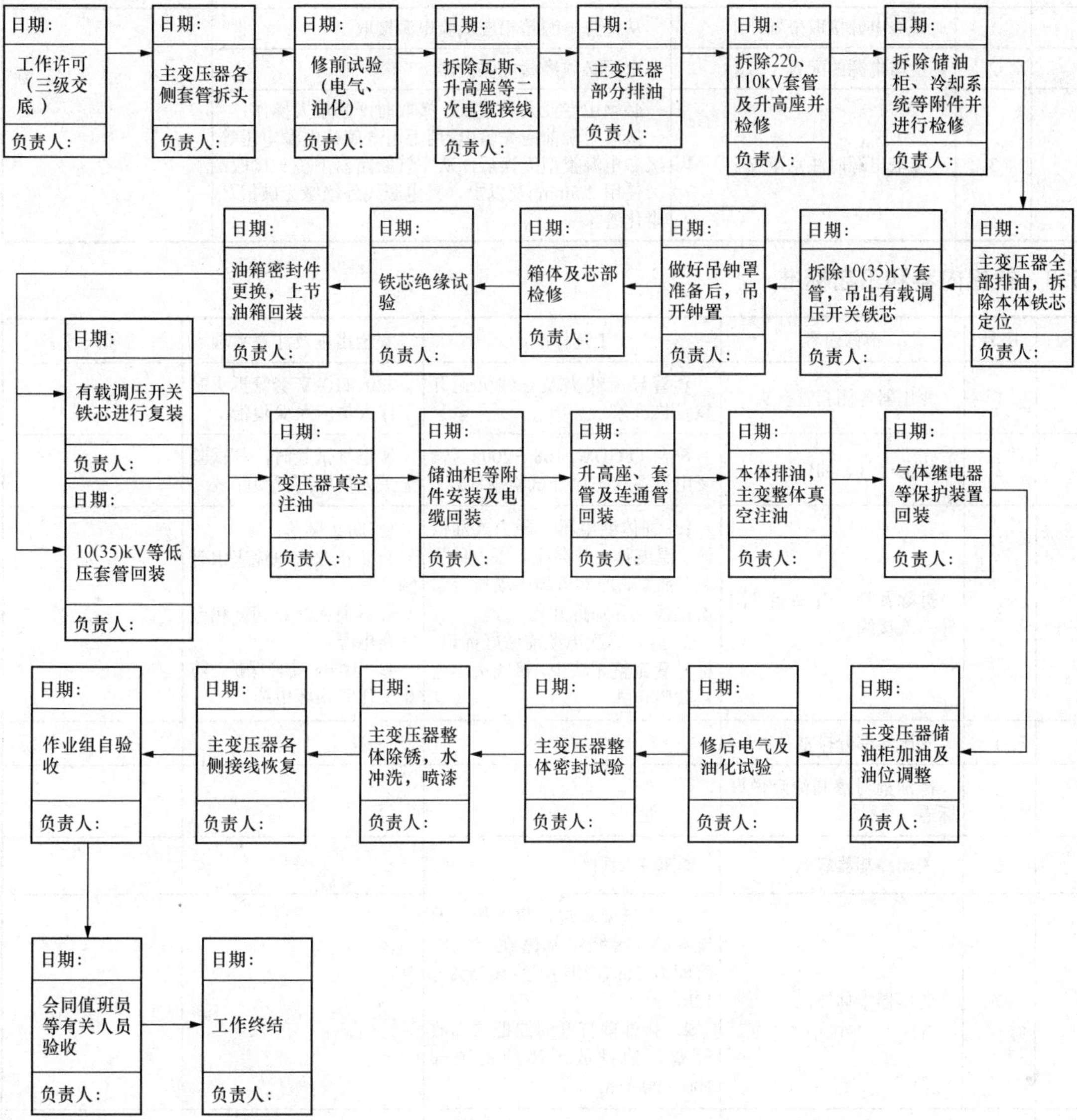

5 作业程序及作业标准

5.1 开工

√	序号	内容	到位人员签字
	1	工作票负责人按单位有关规定办理好工作票许可手续，完成三级交底工作	
	2	工作负责人对本班工作人员进行明确分工，并在开工前检查确认所有工作人员正确使用劳保用品	
	3	工作负责人在工作现场向所有工作人员详细交待作业任务、安全措施和安全注意事项，全体工作人员应明确作业范围、进度要求等内容，并在到位人员签字栏上分别签名	

5.2 检修电源的使用

√	序号	内　　容	标　　准	责任人签字
	1	检修电源接取位置	从检修电源箱相应试验电源接取	
	2	检修电源的配置	电源必须经漏电保护器	
	3	接取电源时注意事项	必须由专业人员接取，接取时严禁单人操作； 接取电源前应先验电，用万用表确认电源电压等级和电源类型无误后，从空气断路器下桩头接取； 使用 $2.5mm^2$ 及以上，且电源线外绝缘无破损、老化迹象	

5.3 检修内容和工艺标准

√	序号	检修内容	工艺标准	安全措施及注意事项	责任人签字
	1	变压器各侧套管拆头	套管导流线夹及导线夹无开裂发热迹象	220、110kV 套管拆头时工作人员应系保险带	
	2	修前电气、油化试验	符合 Q/GDW 168—2008《输变电设备状态检修试验规程》	做电气试验时，与试验无关人员撤离试验区域	
	3	拆除瓦斯、升高座等附件二次接线	1. 气体继电器、磁力式油位计、温度计、升高座、压力释放阀、油泵、冷却风扇电动机等二次接线应分别拆开。 2. 拆除二次电缆前做好标记，标号套完整无缺少，接线头用塑料薄膜包扎	1. 防止坠落。 2. 防止二次电缆进水受潮。 3. 拆前应注意切开相应回路电源。 4. 电缆应妥善保护，防止工作时损坏电缆	
	4	变压器部分排油			
	5	排油前对渗漏油点做好标志			
	6	关闭冷却器蝶阀	蝶阀关闭可靠		
	7	变压器本体放油	1. 天气要求晴，空气相对湿度≤65%时绕组暴露在空气中时间为 16h，相对湿度≤75%为 12h。 2. 排油前打开储油柜顶部放气塞，油排放至离油箱顶部 100～200mm		
	8	冷却器放油	冷却器逐只放油，用开口油桶置于冷却器下部，拧开冷却器底部放油塞螺栓放油，然后打开上部放气塞，加快放油速度，开口筒中油用滤机抽至油罐	确认上下蝶阀已关闭，防止变压器油大量流失	
	9	拆除套管与绕组引线连接	拆除 220、110kV 套管引线接头及连接螺帽（使用专用扳手），使引线头完全脱离套管接线头，用专用带环螺栓 M10、M12 分别拧在套管引线头上，拴 ϕ10 尼龙绳或纱带通过专用滑轮徐徐下放至箱底，控制引线在套管起吊时落下的速度，以确保引线头螺牙及绕组完好	防止引线头突然坠落损伤绕组和螺纹	

表（续）

√	序号	检修内容	工艺标准	安全措施及注意事项	责任人签字
	10	拆除220、110kV套管及检修	使用专用钢丝，用卸扣固定在专用吊环上，吊带套在吊机钩上。用一只手动链条葫芦通过钢丝套于吊机吊钩上，在套管储油柜下部2～3裙用$\phi10$白棕绳打绳扣，葫芦钩子与绳扣相连。随时调整套管起吊的倾斜角度，拆除套管的安装螺栓。在负责人的指挥下，将套管分别拆离本体，同时控制引线落下速度，并垂直放置于套管专用架上要加固，用塑料薄膜包好下部瓷套。分别对220、110kV套管进行检修	统一指挥，控制起吊速度，防止损坏套管下部瓷裙； 严格按导则工艺要求对套管进行检修	
	11	拆除连管及升高座电流互感器检修	拆除所有升高座导气连管，装好升高座起吊钢丝使其受微力，拆除升高座安装法兰螺栓，吊至离地面1m停住，用专用封板密封下部，加合格变压器油至二次绕组浸没，盖好上封板，应不渗油；油箱升高座安装法兰孔用封板盖好并密封。对升高座进行检修	防止升高座电流互感器和本体进水受潮	
	拆除储油柜、冷却系统等附件及二次电缆并进行检修				
	12	拆除储油柜并检修	拆除储油柜吸湿器、连管、注/放油管、瓦斯连管、二次电缆等，使用储油柜专用吊带并置于专用吊环上。收紧吊钩使其受微力后，在储油柜两侧用白棕绳绑好浪风绳，拆除储油柜安装法兰固定螺栓，平稳吊离至地面，储油柜摆放平稳可靠，所有通孔用封板封好。对储油柜及磁力式油位计进行检修	更换所有密封圈，储油柜检查要符合导则要求	
	13	磁力油位表检查； 将油位表连杆用手上下移动几次，观察连杆是否灵活，表计是否转动，最高最低油位报警是否正确，密封和绝缘是否良好，并调整好油位表零位	磁力油位表外观完好，密封及绝缘良好，连杆灵活无卡涩，表计转动正常，最高、最低油位报警正确，油位表复零		
	14	检查储油柜，打开储油柜安装法兰封板和储油柜集污盒放油螺栓，用油盘接住储油柜内残油并检查是否有水珠。在胶囊袋呼吸口接好压力试验充气装置，对胶囊做检漏试验	1. 应密封良好，无凝积水。 2. 胶囊袋无泄漏、损伤。 3. 0.02MPa压力下30min无明显失压现象		
	15	吸湿器检查	吸湿器完整，玻璃罩完好无损，密封良好		

表（续）

√	序号	检修内容	工艺标准	安全措施及注意事项	责任人签字
	16	拆除顶部连通管	拆除的连通管应用封板封好，或用塑料薄膜密封包好，并保存在干燥的地方，作好位置记号	各连管应清洁，防止污染	
	17	拆除冷却器	拆离后放尽剩油，并用封板密封。净油器也应放油拆除，拆除所有影响吊芯的二次电缆	拆除冷却器时应专人指挥，上下协调一致，防止损伤散热管和潜油泵	
	18	冷却风扇检查	1．用1000V绝缘电阻表检测定子绕组绝缘电阻，绝缘电阻≥1MΩ。 2．用手试转电动机转子，转动灵活，无扫膛现象。 3．风叶无变形、损伤		
	19	油泵检查	1．外观检查无渗油，打开油泵进口盖板，用长柄起子拨动叶轮试转，与蜗壳无碰擦，无扫膛。 2．测试绕组电阻值，阻值应均匀，用1000V绝缘电阻表检测定子绕组绝缘电阻，绝缘电阻≥1MΩ。 3．接线柱螺母无缺少，无渗漏点		
	20	油流继电器检查	从冷却器联管上拆下继电器，检查挡板转动应灵活，转动方向与油流方向一致；检查挡板柳接应牢固；检查返回弹簧安装应牢固，弹力充足；拆下端盖、表盘玻璃及塑料圈，并清洗干净，各部件无损坏；检查主动磁铁与从动磁铁同步转动应无卡滞；用手转动挡板，用万用表检查微动开关接点动作正常；装复表盘等各部件连接紧固，密封良好；用500V绝缘电阻表测量绝缘电阻应大于0.5MΩ。各部件应无渗油及变形现象		
	21	拆除测温、压力等保护装置及校验	拆除温度温度计、温控器、压力释放阀、气体继电器等附件，分别对释放阀、气体继电器安装法兰用盖板密封		
	22	测温装置检查，送省电力科学研究院校验	检查温度计表面玻璃罩完整无损坏，测温包无变形扭曲，温度指示正确； 校验证书齐全		
	23	压力释放阀检查：检查各连接螺栓及压力弹簧，检测微动开关动作是否正确，并进行动作试验	各连接螺栓、压力弹簧应完好，无锈蚀，无松动，开启和关闭压力符合规定		
	24	气体继电器检查	检查容器、玻璃窗、放气阀、接线端子小套管完整，绝缘电阻良好，定值校验符合保护要求，并合格。拆除运输固定绳，内部清洁无杂质，定值符合保护要求		

表（续）

√	序号	检修内容	工艺标准	安全措施及注意事项	责任人签字
	25	拆除净油器及检修	1．关闭净油器进出口的阀门，打开底部放油阀，放尽内部变压器油。拆离本体，再拆下上盖板和下底板，倒出原有吸附剂，用合格变压器油将内部和联管清洗干净；检查各部件完整无损，检查下部滤网正常，装复滤网及下盖板，更换密封胶垫；装入氧化铝吸附剂，装至距离顶面50mm左右，装复上盖板加以密封。 2．阀门关闭严密，不渗漏；内部洁净，进油口滤网应装在挡板外侧，出油口滤网装在挡板内侧，滤网应为尼龙网；应加入合格氧化铝，重量约为140kg左右无渗油	防止吸附剂和破损滤网进入油箱	
	26	变压器全部排油，拆除本体铁芯定位	1．吊芯应选在无尘土飞扬及其他污染的晴朗天气，器身暴露空气中的时间不应超出如下规定：空气相对湿度≤65%为16h；空气相对湿度≤75%为12h。 2．器身暴露空气时间是指从变压器放油时起至开始抽真空注油时为止	排油可视吊芯当天气候情况提前排油（必要时可充氮排油），以提高吊芯有效时间	
	27	排油	使用压力滤油机，将油排入油罐内并记录时间，排油前应打开变压器上部放气盖板		
	28	拆除变压器铁芯定位	拆除变压器油箱罩壳顶部3只铁芯定位压钉盖板，拧松定位四周螺栓及止动螺母，取下定位四周的绝缘垫块，用塑料薄膜分别包扎好，放在干燥清洁的地方，防止受潮	定位钉绝缘垫块要妥善保管，防止绝缘受潮和缺少	
	拆除10（35）kV套管及中性点套管，拆除无载分接开关手柄并检修				
	29	拆除10（35）kV套管及220kV中性点套管	分别拆除10(35)kV和220kV中性点套管。套管用塑料薄膜包扎好平放在安全区域	拆除时应小心，防止密封橡皮圈粘住，拉破瓷套；防止相互碰撞打破瓷裙	
	30	有载分接开关吊芯并检修	1．调整分接开关到整定工作位置；降低分接开关头部的油面直至变压器箱盖的平面为止；松开顶盖上的溢油排气螺钉，抽出有载开关室内的变压器油。 2．松开电动机构与分接开关的水平传动轴；拆除分接开关头部的接地连接，松开顶盖的连接螺栓，卸除顶盖。 3．注意检查外盖密封垫圈；卸除切换开关本体的位置指示盘；细心地吊出切换开关本体，注意不要碰坏开关本体抽油管和位置指示传动轴。	拆除时应小心，防止密封橡皮圈粘住，防止相互碰撞破坏切换芯子	

表（续）

√	序号	检修内容	工艺标准	安全措施及注意事项	责任人签字
	30	有载分接开关吊芯并检修	4. 清洗切换开关油室和铁芯；排尽污油，用合格绝缘油冲洗，清除内壁与铁芯上的游离碳，再次用合格绝缘油进行冲洗	拆除时应小心，防止密封橡皮圈粘住，防止相互碰撞破坏切换芯子	
做好吊上节油箱准备并吊离					
	31	在钟罩上装好卸夹及吊带	通过葫芦随时调整钟罩重心		
	32	吊车停好位置，校准重心，调整吊带并收紧	吊带夹角应小于60°	注意：观察吊臂至变压器上面横梁距离是否足够，吊臂与周围相邻带电设备安全距离是否足够，220kV应不小于6m	
	33	用电动扳手拆除油箱法兰螺栓	对不能用电动扳手的螺栓应先用扳手拧松		
	34	收紧吊带后再次检查重心位置是否合理，用4根各长10m的白棕绳分别固定在上节油箱四角对应位置，以便起吊时控制油箱	装吊带前先检查吊带，确认完好		
	35	确认无影响吊罩的物件、螺栓后，指挥起吊，再次检查吊带夹角，钟罩平衡度	若不平衡超过5cm时，应手拉葫芦调整钟罩重心，使其罩平衡	防止胶垫粘牢，使吊机受力过度	
	36	吊开变压器上节油箱	1. 变压器吊时应选晴朗天气，空气相对湿度≤75%。 2. 油箱起吊应有专业人员统一指挥，使用标准手势和术语。 3. 工具管理员应清点发出的工器具并记录。 4. 温度计及湿度表应放在现场，并做好记录	起吊前任务、人员分工明确，4支浪风绳有专人管理，油箱四角有专人检视管理	
	37	检查无误后，指挥缓慢起吊上节油箱上升至器身顶部300mm左右时，方可吊离，移至已准备好的枕木上	枕木应包尼龙薄膜，油箱缓缓下降，平稳放在枕木上	起吊、移动过程中，四根导向绳应相互协调配合好，保持箱体平稳	
	38	箱体及芯部检修	1. 工器具应设专人保管发放，个人工器具不准使用，检查铁芯人员应穿干净防滑鞋工作衣中无物品。 2. 检修时应特别注意，无载开关应在整定位置	现场做好防火、防雨工作。 试验人员与非试验人员在工作中应相互协调好，严防触电麻电	
箱体检修					
	39	放油阀门、塞子检查	完好		
	40	检查油箱有无渗漏点	对发现的渗漏点应进行补焊		

表（续）

√	序号	检修内容	工艺标准	安全措施及注意事项	责任人签字
	41	清扫油箱内部，消除积存在箱底的油污杂物	油箱内部洁净、无锈蚀、漆膜完整，漆膜附着牢固		
	42	检查器身各侧定位钉	防止定位钉造成铁芯多点接地		
	43	检查钟罩法兰结合面是否平整，发现沟痕，应补痕磨平	法兰结合面清洁平整		
	44	油箱上下节胶垫更换	更换全套密封橡皮		
	45	检查油箱阀门的转轴、挡板等部件是否完整、灵活和严密，更换密封垫圈	挡板关闭严密，无渗漏、轴杆密封良好，指示开、闭位置的标志清晰、正确		
	46	对本体和附件各部的放油（气）塞、油样阀门等密封橡皮进行全面检查	所有放油塞子及取样阀门胶圈应全部更换、并拧紧、密封面无渗漏		
绕组检查					
	47	检查相间隔板及围屏有无破损、变色、变形、放电痕迹（围屏一般只解一相），如发现围屏有异常应解开其他二相进行检查	1．围屏应清洁无破损，绑扎紧固完整，分接引线出口处封闭应良好，围屏无变形，发热和树枝状放电痕迹。 2．围屏的起头应放在绕组垫块上，接头处应错开搭接。 3．检查支撑围屏的长垫块应无爬电痕迹，若长垫块在中部高场强区时，应尽可能割短相间距离最小处的辐向垫块2～4个。 4．相间隔板完整并固定牢固	防止油道堵塞	
	48	检查绕组表面是否清洁，匝绝缘有无破损	1．绕组应清洁，表面无油垢，无变形。 2．整个绕组无倾斜、位移、导线辐向无明显弹出现象。		
	49	检查绕组各部分垫块有无位移和松动情况	各部分垫块应排列整齐、轴向间距相等，轴向成一垂直线支撑牢固，有适当压紧力，垫块外露出绕组的长度至少应超过绕组导线的厚度		
	50	检查绕组绝缘有无破损，油道有无被绝缘、油垢或杂物堵塞现象，必要时可用软毛刷（或用绸布、泡沫塑料）轻轻擦拭。绕组线匝表面如有破损裸露导线处，应进行包扎处理	1．油道保持畅通，无油垢及其他杂物积存。 2．外观整齐清洁，绝缘及导线无破损。 3．对穿缆引线应将引线用白纱带半迭包绕至少一层；引线接头焊接处去毛刺，表面光洁，包金属屏蔽层（锡箔纸）后再包绝缘；绝缘包扎厚度应根据导线在变压器内部位置的不同后确定，此变压器的导线包扎绝缘厚度不应小于10mm，可用干燥电缆纸及皱纹纸半迭包绕制	注意导线的统包绝缘，不可将油道堵塞防止局部发热、老化	

表（续）

√	序号	检修内容	工艺标准	安全措施及注意事项	责任人签字
	铁芯检查				
	51	检查铁芯外表是否平整，有无片间短路或变色、放电烧伤痕迹，绝缘漆膜有无脱落，上铁轭的顶部和下铁轭的底部是否有油垢杂物，可用清洁的白布或泡沫塑料擦拭，若叠片有翘起或不规整之处，可用木槌或铜锤敲打平整	铁芯应平整，绝缘漆膜无脱落，叠片紧密，边侧硅钢片不应翘起或成波浪状，铁芯各部表面应无油垢和杂质，边间应无短路、搭接现象，接缝间隙符合要求		
	52	检查铁芯上下夹件、方铁，绕组压板的紧固程度和绝缘状况，绝缘压板有无爬电烧伤和放电痕迹	1．铁芯与上下夹件、方铁、压板、底脚板间均应保持良好绝缘。 2．钢压板与铁芯间要有明显的均匀间隔，绝缘压板应保持完整，无破损和裂纹，并有适当紧固度。 3．钢压板不得构成闭合回路，同时应有一点接地。 4．打开上夹件和铁芯间的连接片和钢压板与上夹件的连接片后，测量铁芯与上下夹件和钢压板与铁芯间的绝缘电阻与历次试验值相比较应无明显变化		
	53	检查压钉、绝缘垫圈的接触情况，用专用扳手逐个紧固上下夹件、方铁、压钉等各部位，紧固螺栓	螺栓紧固，夹件上的正、反压钉和锁紧螺帽无松动，与绝缘垫圈接触良好，无放电烧伤痕迹，反压钉与上夹件有足够距离		
	54	用专用扳手紧固上下铁芯的穿芯螺栓，检查与测量绝缘电阻	穿芯螺栓紧固，其绝缘电阻与历次试验值无明显变化		
	55	检查铁芯间和铁芯与夹件间的油路	油路应畅通，油道垫块无脱落和堵塞，且应排列整齐		
	56	检查铁芯接地片的连接及绝缘状况	铁芯只允许一点接地，铁芯接地外引部分包扎绝缘	防止短路铁芯	
	57	检查无孔结构铁芯的拉板和钢带	应紧固并有足够机构强度，绝缘良好，不构成环路，不与铁芯相接触		
	引线及绝缘支架检查				
	58	检查引线及引线锥的绝缘包扎，有无变形、变脆、破损，引线有否断股，引线与引线接头处焊接情况是否良好，有无过热现象	1．引线绝缘包扎应完好，无变形、变脆，引线无断股卡伤情况。 2．穿缆引线用白布带半迭包绕一层；220kV 引线接头焊接处去毛刺，表面光洁，包金属屏蔽层后再加包绝缘。	防止穿缆引线与套管的导管接触处产生分流、烧伤	

表（续）

√	序号	检修内容	工艺标准	安全措施及注意事项	责任人签字
	58	检查引线及引线锥的绝缘包扎，有无变形、变脆、破损，引线有否断股，引线与引线接头处焊接情况是否良好，有无过热现象	3．早期采用锡焊的引线接头应尽可能改为磷铜或银焊接。 4．接头表面应平整、清洁、光滑无毛刺，并不得有其他杂质。 5．引线长短适宜，不应有扭曲现象。 6．引线绝缘厚度应符合要求	防止穿缆引线与套管的导管接触处产生分流、烧伤	
	59	检查绕组至分接开关的引线长度，绝缘包扎的厚度，引线接头的焊接（或连接）引线的固定情况，是否符合要求	分接引线对各部绝缘距离应满足要求		
	60	检查绝缘支架有无松动和损坏、位移，检查引线在绝缘支架内的固定情况	1．绝缘支架应无破损、裂纹、弯曲变形及烧伤现象。 2．绝缘支架与铁夹件的固定可用钢螺栓、绝缘件与绝缘支架的固定应用绝缘螺栓，两种固定螺栓均需有防松措施（220kV级变压器不得应用环氧螺栓）。 3．绝缘夹件固定引线处应垫附加绝缘。 4．引线固定用绝缘夹件间距，应考虑在电动力的作用下，不致发生引线短路	防止卡伤引线绝缘	
	61	检查引线与各部位间的绝缘距离	1．引线与各部位之间的绝缘距离应符合要求。 2．对大电流引线（铜排）与箱壁间距，一般应大于100mm，铜表面包扎一层绝缘	防漏磁、发热。 防异物形成短路或接地	
	有载分接开关选择部分检查				
	62	检查触头分接引线是否紧固、发现松动应拧紧、锁住	开关所有紧固件均应拧紧、无松动		
	63	检查分接开关绝缘件有无受潮、开裂或变形、表面是否清洁，发现表面脏污应用无绒毛的白布擦拭干净，绝缘筒如有严重剥裂、变形时应更换	绝缘筒应完好、无破损、开裂、变形、表面清洁无油垢		
	64	检查分接开关挡位	拆前应做好明显标记、挡位一致，相位对应，拆装前后指示位置一致		
	65	铁芯绝缘试验	用1000V绝缘电阻表对穿心螺栓、铁轭夹件、绑扎钢带、铁芯、绕组压环及屏蔽等进行绝缘电阻测试，绝缘电阻值＞500MΩ	与试验无关人员撤出试验围栏外	
	更换油箱所有密封橡皮，油箱回装				
	66	上节油箱回装准备			

表（续）

√	序号	检修内容	工艺标准	安全措施及注意事项	责任人签字
	67	铁芯所有检修项目完工，状态恢复正常，各引线应就位固定，为安装做好准备			
	68	检查铁芯及箱体	铁芯清洁干净，箱底清洁干净		
	69	复核钟罩是否按要求检修完毕	应按要求检修完毕，全部密封件更换完毕		
	70	更换油箱所有密封橡皮	油箱上下法兰应清净，新密封胶排摆放应平整，接头应斜压接，用专用胶水黏合或用弦线缝合，接头处应摆放在直接部分两颗螺栓中间，并用专用夹子固定		
	71	工器具保管员负责清点所发出的工器具	应全部回收		
	72	回装油箱		应在确认设备正常并得到现场上级技术领导认可后，才能进行	
	73	将上节油箱缓缓吊起，当油箱超过芯部器身高约300mm，慢慢转至器身上方，中心位置找准后，4根浪风绳要稳住钟罩，在两边监视人员的密切监视下缓缓下降，当下降至箱体法兰600mm时，暂停并派人上钟罩，监视钟罩正确下落，不与器身定位钉相碰撞，当钟罩下降至箱体法兰100mm时，在油箱四周插入定位棒，再次检查法兰上橡胶垫位置是否正常。当油箱刚好压住胶垫时停止下降，套上上下法兰固定螺栓	起吊前控制四角浪风绳的人应先到位，并再次检查胶垫位置无位移，接头正常后，抽出定位棒，套上全部螺栓及螺帽，松掉吊带，拆除吊带	切忌碰撞器身	
	74	拧紧紧固法兰螺栓	应对边均匀拧紧，切忌单边拧压，胶垫压缩量以1/3为好		
	75	检查铁芯定位螺栓绝缘垫块合格后，拧紧定位四周螺栓，检查法兰密封橡皮位置是否良好，均匀拧紧定位盖板螺栓	1. 绝缘垫块，完整无破损，摆放位置正确。 2. 法兰密封橡皮位置良好，密封可靠		
	76	10（35）kV等低压套管回装			
	77	按原相别装复220kV中性点升高座，均匀拧紧法兰螺栓	密封橡皮以橡胶1/3压缩量		
	78	装复220kV中性点套管	引线与套管头部定位应卡入到位，头部小瓷套顶端应垫一片石棉垫片，上放平垫，再拧螺母	220kV中性点套管为穿缆式套管，引线不能硬拉；当心小瓷套拧碎	

表（续）

√	序号	检修内容	工艺标准	安全措施及注意事项	责任人签字
	79	装复10（35）kV套管及铁芯、夹件接地套管	1．瓷台螺栓紧固时应均匀拧紧，不能单边用力。 2．套管下部箱内引线连接应可靠，应有防松垫或双螺母。 3．引线间及与油箱距离符合安全距离要求	1．防止应力压破套管下部瓷台。 2．工作人员工作时工器具应用白纱带扎住，严防工器具及其他物品落入箱体内部	
	80	变压器真空注油	真空注油过程，应积极做好记录，加强监视。雨露天不宜真空注油，注油时如遇突然下雨，应立即停止注油，应用99.999%高纯氮破坏真空至正压（0.01～0.03MPa）	1．防止铁芯受潮。 2．注油过程中，防止大量跑油，污染环境；变压器本体与分接开关的油必须分开	
	81	在箱顶装抽真空管道（可装连管封板处）通过油气分离器接至真空泵	真空泵应接好电源，转向正常，外壳接地		
	82	通过上下放油塞制作油位计一只，用加强型透明管作油位指示，装压力释放阀处仍为封板	密封良好无泄漏		
	83	连接好真空滤油机注油管道	密封良好无泄漏		
	84	变压器可承受全真空，本体装真空表一只，抽真空装电子真空计一只			
	85	抽真空	检查各安装法兰螺栓均已紧固后，启动抽真空，真空度上升要均匀，并随时观察油箱变形情况，不超过壁厚2倍，到达规定真空度后保持2h，检查整体密封情况，若漏气应及时处理，符合导则要求	雨天、雾天禁止抽真空。做好防止突然下雨的应急防范措施	
	86	真空注油前，油化试验确认	各项技术指标均符合规程要求		
	87	真空进油	抽真空度时间到后，开启真空滤油机，打开变压器下部进油阀进行真空注油，这时真空泵应不停转，以每小时3～5t速度注入变压器内，距油箱顶200mm时停止注油，并保持抽真空4h		
	储油柜、冷却系统等附件安装及二次接线				
	88	储油柜吊装至顶部固定在安装托板上，与本体气体继电器连管可暂不装，待变压器真空注油后装	连接处必须用封板盖好	防止潮气进入	

表（续）

√	序号	检修内容	工艺标准	安全措施及注意事项	责任人签字
	89	冷却器系统与油泵联接到位检试后，按检修拆卸时反相顺序安装，并检查密封橡皮圈位置是否放正	油泵、风扇安装正确，各法兰密封可靠，无渗漏		
	90	连接管按标记依次安装，检查密封橡皮圈位置是否放正，螺栓是否紧固	安装前要清洗干净，必要时用合格油冲洗，连接法兰对接时，O形圈一定要放正入槽，螺丝拧紧要均匀		
	91	二次电缆敷设	电缆整齐，绝缘良好		
	92	测温装置安装及二次接线	按说明书要求，在测温座内注上变压器油，将测温包插入后塞座拧紧，密封无渗漏，毛细管盘的直径大于15mm。 符合规程要求，有防雨功能		
	93	净油器、压力保护装置安装及二次接线	1．净油器按要求安装，上下蝶阀在关闭状态，按装配图装好压力释放阀。 2．二次电缆符合规程要求，绝缘电阻合格。 3．真空注油后，对该设备充油排气，然后关闭下蝶阀，打开上蝶阀。 4．压力释放阀安装时，导油孔应按规定向外侧。 5．绝缘电阻大于1MΩ		
	220、110kV升高座及套管安装				
	94	升高座按拆下记号按相别U、V、W对号入位	1．装升高座安装时应先用白纱带对穿，当吊至安装法兰上方时，及时把220、110kV引线头部绑牢固。 2．装套管时拉出引线。 3．密封圈应放正，压缩均匀。 4．升高座放气孔应在最高部位。 5．升高座安装时应看好位置，防止螺栓错位	防止异物误入箱体内	
	95	清扫瓷套表面，套管导管内部，并检查、清洁下节套管底部均压环，并在套管导管内先预放一根尼龙绳用作拉引线	用干净白布清扫瓷套内外表面； 套管底部口光滑无毛刺	套管下瓷套铜管口应打光滑，防止毛刺磨损引线绝缘层	
	96	起吊	方式同拆卸时相同，尼龙绳 $\phi10$ 规格可通过套管上部安装专用滑轮工在吊臂头部挂单边进入套管导管，引线头部用M12或M10专用螺栓相连，设专人控制拉绳，随套管下降就位的同时，用葫芦及时调整套管下降角度，将引线头拉出	起吊要平稳，引线控制线拉力要与套管同步进行，防止引线打小圈	

表（续）

√	序号	检修内容	工艺标准	安全措施及注意事项	责任人签字
	97	套管就位	套管就位要平稳； 当套管与安装法兰面相距100mm左右时，用两支ϕ16mm导向杆校正套管安装位置，检查引线导电螺杆是否已正常拉出，如已拉出，则均匀拧紧8只M18×45套管安装法兰螺栓，装好套管导电接线板，检查密封可靠	防止上下瓷套碰撞； 防止强拉套管引线，损坏引线绝缘	
	本体排油，变压器整体真空注油				
	98	本体排油及真空注油前油化分析	油化试验各项指标均符合要求		
	99	用压力滤油机排油，排尽后，连接真空注油装置。当变压器所有附件都安装完毕后，对变压器进行整体真空注油	1.晴朗天气，器身暴露空气中的时间不应超出如下规定：空气相对湿度≤65%为16h；空气相对湿度≤75%为12h。（器身暴露空气时间是指从变压器放油时起至开始抽真空注油时为止） 2．为提高吊芯有效时间，排油可用2台100L/min压力滤油机排油并记下时间	排油可视吊芯当天气候情况提前排油（必要时可充氮排油）	
	100	在箱顶装抽真空管道（可装连管封板处）通过油气分离器接至真空泵	真空泵应接好电源，转向正常，外壳接地		
	101	通过升高座放气塞与取样阀门制作油位计一只，用加强型透明管作油位指示，监视真空注油位	密封良好无泄漏		
	102	连接好真空滤油机注油管道	密封良好无泄漏		
	103	变压器可承受全真空，本体装真空表一只，抽真空装电子真空计一只	真空度按说明书要求		
	104	打开所有冷却器蝶阀	检查在开启位置		
	105	抽真空	检查各安装法兰螺栓均已紧固后，启动抽真空，真空度上升要均匀，并随时观察油箱变形情况，不超过壁厚2倍，达到剩余压力不大于133.3Pa后保持2h，检查整体密封情况，若漏气应及时处理，符合导则要求	雨天、雾天禁止抽真空； 做好防止突然下雨的应急防范措施	
	106	变压器真空注油	真空度达到并保持2h后，开启真空滤油机，打开变压器下部进油阀进行真空进油，这时真空泵应不停转，以每小时3～5t速度注入变压器内，距油箱顶200mm时停止注油，并保持抽真	1. 注油过程中，防止大量跑油，污染环境。 2. 变压器本体与分接开关的油必须分开。 3. 防止铁芯受潮	

表（续）

√	序号	检修内容	工艺标准	安全措施及注意事项	责任人签字
	106	变压器真空注油	空 4h 空注油过程，应积极做好记录，加强监视。雨露天不宜真空注油，注油时如遇突然下雨，应立即停止注油，应用99.999%高纯氮破坏真空至正压（0.01～0.03MPa）		
	107	渐渐破除真空度，拆除真空注油装置和临时油位计并拧紧放气塞和取样阀门			
	108	气体继电器等保护装置回装，二次电缆连接	瓦斯安装方向准确，信号、跳闸回路正确，二次绝缘电阻合格		
			储油柜加油，油位调整		
	109	检查各部件均安装完毕，各连接处密封良好，符合补充油条件	符合规程要求		
	110	通过储油柜加油专用阀，用真空滤油机加油，检查气体继电器两侧蝶阀确已打开	储油柜放气塞畅通，无堵塞		
	111	储油柜加油至正常油位稍高，打开储油柜顶部两侧放气塞，对储油柜和胶囊进行排气，用氮气通过压力桶与呼吸器法兰口相连，向胶囊袋充气，检查储油柜上部放气塞，并监视油位计，当储油柜放气塞有油排出时，应立即将该放气塞闷住，拧紧螺栓	1．油位根据当时环境温度对照储油柜油位温度曲线表决定。 2．氮压＜0.002MPa。 3．上部放气塞，此时应有气体向外排出的现象，油位计有上升的情况出现。 4．上部密封良好，底部呼吸正常，无渗漏	加油速度不宜过快，集气盒内气体应及时打开排气管排除	
	112	对变压器所有放气塞进行放气	气体继电器等均应多次放气		
	113	净油器充油	1．净油器充油时应先打开下部蝶阀，关闭上部蝶阀，进行多次放气后，是否投运按要求决定。 2．按运时要求上部蝶阀开启，下部蝶阀关闭		
	114	修后电气及油化试验	所有试验项目均合格		
	115	变压器整体密封试验			
	116	密封试验	采用从呼吸器管道向储油柜气囊充氮加压的方法，氮气压力为从储油柜油面对箱盖的压力和输入氮气的压力之和0.03MPa（随空气湿度而变化），试验持续时间为3h；也可采用高于储油柜油面 0.3m（密封式变压器为0.6m）的油柱压力		

表（续）

√	序号	检修内容	工艺标准	安全措施及注意事项	责任人签字
	117	调整油位，装好呼吸器底部油封	变压器经充分静止和多次排气后，一般为24h后，调整油位为正常状态		
	118	变压器除锈，水冲洗，喷漆	1．除锈彻底，防锈底漆均匀。 2．用金属清洗剂将油垢及污秽清净，再用水冲机清洗，物见本色。 3．整体喷漆均匀，无流痕、垂珠现象，漆膜坚固，弹性良好		
	119	变压器各侧套管搭头	用清洁汽油，将各套管搭头接触面清理干净，涂上适量的导电脂，均匀紧固各套管的搭头螺栓		
工作组自验收					
	120	变压器大修各环节进行自验收	会同各环节负责人对每道工序从头至尾自验收一遍，严把质量关		
	121	检查现场安全措施	工作负责人应检查并督促拆除工作班组装设的临时安全措施，将检修设备恢复至工作许可时状态		
	122	检查检修设备上是否有遗留物	设备清洁完好，无任何遗留物		

5.4 竣工

√	序号	内容	责任人员签字
	1	清理工作现场，将工器具全部收拢并清点，废弃物按相关规定处理，材料及备品备件回收清点	
	2	按相关规定，关闭检修电源	
	3	做好检修记录，记录本次检修内容，有无遗留问题	
	4	会同验收人员对各项检修、试验项目进行验收	
	5	会同验收人员对现场安全措施及检修设备的状态进行检查，要求恢复至工作许可时状态	
	6	经全部验收合格，做好检修记录后，办理工作票结束手续	

6 验收记录

自验收记录	记录改进和更换的零部件	
	存在问题及处理意见	
验收单位意见	检修班组自评价及签字	
	检修部门验收意见及签字	
	运行班组验收意见及签字	
	运维部门验收意见及签字	

7 作业指导书执行情况评估

评估内容	符合性	优		可操作项	
		良		不可操作项	
	可操作性	优		建议修改项	
		良		遗漏项	
存在问题					
改进意见					

8 附录

8.1 变压器本体主要技术参数

序号	项　　目	数　　据	备　　注
1	型号		
2	厂家		
3	额定电压		
4	接线组别		
5	冷却方式		
6	器身重量		
7	上节油箱吊重		
8	油自重		
9	总重		
10	油种		
11	220kV 套管型号及数量		
12	110kV 套管型号及数量		
13	油泵型号及数量		
14	风冷却器型号及数量		
15	冷却器风扇型号及数量		
16	储油柜型式		
17	油位计型号		
18	压力释放阀型号		
19	气体继电器型号		
20	温度计型号		

8.2 220kV 变压器真空注油记录表

工作步骤	时间	湿度	温度	真空度	记录人	备注
记录器身暴露时间						
开始预抽真空						
器身及密封检查						
第　次记录						
第　次记录						
第　次记录						
第　次记录						
到达真空要求						
保持真空						
第　次记录						
第　次记录						
第　次记录						
第　次记录						
第　次记录						
第　次记录						
第　次记录						
第　次记录						
开始注油						
第　次记录						
第　次记录						
第　次记录						
第　次记录						
第　次记录						
第　次记录						
注油结束						
保持真空						
第　次记录						
第　次记录						
第　次记录						
第　次记录						
第　次记录						
第　次记录						
第　次记录						
本体破真空						

2 变电站电气第一种工作票

××电业局（供电公司）

××变电站电气第一种工作票

编号：×××××

1．部门：×××　工作班组：×××　工作负责人：×××

2．工作班人员：杨××、陈××、黄××

共 ×× 人

3．工作任务：

工 作 地 点	工 作 内 容
××变电站1号主变压器本体处	××变电站1号主变压器本体大修

4．计划工作时间：自××年×月×日×时×分至××年×月×日×时×分

5．安全措施：

电气接线图或必要时可附页绘图说明：××变电站1号主变压器转检修主接线图

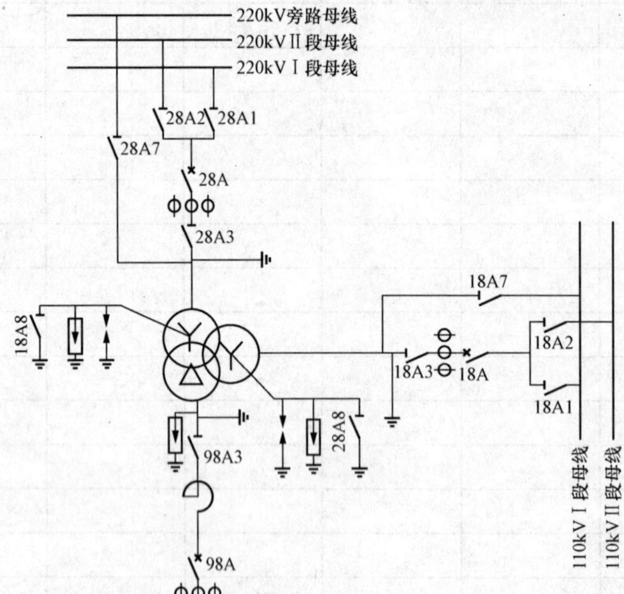

许可前由工作许可人会同工作负责人到现场逐项检查核对后在已执行栏打√。

1	断开1号主变压器220kV侧28A断路器	
2	断开1号主变压器220kV侧28A断路器Ⅰ组直流操作电源空气断路器	
3	断开1号主变压器220kV侧28A断路器Ⅱ组直流操作电源空气断路器	
4	断开1号主变压器220kV侧28A断路器机构储能电源空气断路器	

表（续）

5	断开1号主变压器220kV侧28A1刀闸	
6	断开1号主变压器220kV侧28A2刀闸	
7	断开1号主变压器220kV侧28A3刀闸	
8	断开1号主变压器220kV侧28A7旁路刀闸	
9	断开1号主变压器220kV侧28A间隔刀闸电动操作机构电源空气断路器	
10	断开1号主变压器110kV侧18A断路器	
11	断开1号主变压器110kV侧18A断路器直流操作电源空气断路器	
12	断开1号主变压器110kV侧18A断路器机构储能电源空气断路器	
13	断开1号主变压器110kV侧18A1刀闸	
14	断开1号主变压器110kV侧18A2刀闸	
15	断开1号主变压器110kV侧18A3刀闸	
16	断开1号主变压器110kV侧18A7旁路刀闸	
17	断开1号主变压器110kV侧18A间隔刀闸电动操作机构电源空气断路器	
18	断开1号主变压器10kV侧98A断路器	
19	断开1号主变压器10kV侧98A断路器直流操作电源空气断路器	
20	断开1号主变压器10kV侧98A断路器机构储能电源空气断路器	
21	断开1号主变压器10kV侧98A3刀闸	
22	断开1号主变压器220kV侧中性点28A8接地刀闸	
23	断开1号主变压器110kV侧中性点18A8接地刀闸	
24	断开1号主变压器中性点接地刀闸电动操作机构电源空气断路器	
25	断开1号主变压器Ⅰ组散热器电源空气断路器	
26	断开1号主变压器Ⅱ组散热器电源空气断路器	
27	断开1号主变压器在线滤油机电源空气断路器	
28	断开1号主变压器在线监测装置电源空气断路器	
29	解除继保室11J屏8LP1连接片	
30	解除继保室11J屏8LP2连接片	
31	解除继保室11J屏8LP11连接片	
32	解除继保室11J屏8LP12连接片	
33	解除继保室11J屏8LP13连接片	
34	解除继保室11J屏8LP14连接片	
35	解除继保室11J屏8LP15连接片	
36	解除继保室11J屏8LP16连接片	
37	解除继保室11J屏8LP17连接片	
序号	应装接地线、应合接地刀闸（注明接地线具体位置，并留出空位由许可人注明接地线编号）	
1	在1号主变压器220kV侧28A7刀闸靠1号主变压器侧装设一组　　接地线	

表（续）

序号	应装接地线、应合接地刀闸（注明接地线具体位置，并留出空位由许可人注明接地线编号）	
2	在1号主变压器110kV侧18A3刀闸靠1号主变压器侧装设一组接地线	
3	在1号主变压器10kV侧出线避雷器靠1号主变压器侧装设一组接地线	
序号	应设遮栏、应挂标示牌、防止二次回路误碰的措施	
1	在杨真变1号主变压器本体处挂“在此工作”牌	
2	在杨真变1号主变压器本体周围装设临时围栏并向内悬挂“止步，高压危险”牌，其出入口围至临近道路旁并装设“从此进出”牌	
3	在28A、18A、98A断路器KK把手、28A1、28A2、28A3、18A1、18A2、18A3、28A8、18A8刀闸、28A7、18A7旁路刀闸电动操作机构箱及其端子箱内合闸按钮、98A3刀闸操作机构、1号主变压器Ⅰ组散热器电源空气断路器、1号主变Ⅱ组散热器电源空气断路器、1号主变压器在线滤油机电源空气断路器、1号主变压器在线监测装置电源空气断路器处挂“禁止合闸，有人工作”牌	
4	在28A1、28A2刀闸、28A7旁路刀闸构架处挂“禁止攀登，高压危险”牌	
5	在工作地点围网内高层带电设备下方放置适量的“上方带电”牌	
6	在1号主变压器本体爬梯处挂“从此上下”牌	
7	在邻近的2号主变压器间隔、220kV旁母280间隔、1号主变压器220kV侧28A间隔处挂“止步，高压危险”牌	

工作地点保留带电部分（或注意事项） 签发人或工作负责人填写	补充工作地点保留带电部分和 安全措施许可人填写
2号主变压器间隔、220kV旁母280间隔、220kVⅠ段母线、220kVⅡ段母线、220kV旁路母线处运行	
1号主变压器220kV侧28A1刀闸靠220kVⅠ段母线侧、1号主变压器220kV侧28A2刀闸靠220kVⅡ段母线侧、1号主变压器220kV侧28A7旁路刀闸靠220kV旁路母线侧带电	

二次工作安全措施票（票号）：无

工作票签发人签名：　签发日期：××年×月×日×时×分

收到工作票时间：××年×月×日×时×分　值班人员签名：＿＿＿＿＿

6．确认本工作票1～5项

许可开始工作时间：××年×月×日×时×分

工作许可人签名：＿＿＿＿＿　工作负责人签名：＿＿＿＿＿

7．工作人员变动：

增添人员姓名	日	时	分	工作负责人签名	离去人员姓名	日	时	分	工作负责人签名

8．工作负责人变动：____________________________________

原工作负责人____离去，变更____为工作负责人。

变动时间：_____年___月___日___时___分　工作票签发人签名：__________

9．工作票延期：有效期延长到：××年×月×日×时×分

工作负责人签名：__________值长或值班负责人签名：__________

10．每日开工和收工时间（使用一天的工作票不必填写）

收工时间				工作负责人	工作许可人	开工时间				工作负责人	工作许可人
月	日	时	分			月	日	时	分		

11．工作结束：设备及安全措施已恢复至开工前状态，现场已清理完毕，工作班人员已全部撤离。全部工作于 ××年×月×日××时××分结束。

工作负责人签名：__________　工作许可人签名：__________

12．工作票终结：临时遮栏、标示牌已拆除，常设遮栏已恢复。接地线编号××××××等共___组、接地刀闸××（小车）共××副（台）未拆除或拉开，已汇报调度。

工作许可（当值）人签名：__________时间：××年×月×日×时×分

13．备注：

（1）检修工作中允许试分合的设备：

允许试分合的设备	解锁执行人	解锁时间	操作人	监护人	操作设备时间

（2）工作负责人指定专职监护人：

第一组______负责监护________________________________

第二组______负责监护________________________________

第三组______负责监护________________________________

（3）其他补充安全措施：________________________________

____

（4）其他事项：________________________________

____

14．交任务、交安全措施确认：我对工作负责人布置的工作任务及安全措施已明白无误，所有安全措施已能确保我的工作安全。

工作班人员签名：________________________________

15．评价情况：经检查本票为票。存在________________________________

________________________________问题，已向指出。

检查人：__________

_____年____月____日

思考与练习答案

1．答：（1）检修前应熟悉现场工作环境，了解检修目的以及检修方案的各个环节，收集变压器历史检修及运行情况，做好全面的勘察工作；编制详细的施工方案并进行审批；按方案进行人员、施工（含起重）设备、仪器、仪表、工器具的准备。

（2）许可第一种工作票。

（3）拆除一、二次线。

（4）了解修前相关试验报告，掌握变压器修前状态。

2．答：（1）变压器原本体油应在现场过滤处理合格。

（2）各种油容器、滤油机各部管道进行严格检查并用合格油清洗干净，应注意密封、防尘、防潮。

（3）变压器油箱抽真空时检查各部位密封情况。真空度按厂家规定执行（参考值：110kV变压器真空度残压400Pa维持0.5h；220kV变压器真空度残压200Pa维持1h）。

（4）根据地区最低温度，选用不同牌号的变压器油。检修后注入变压器内的变压器油，其质量应符合GB/T 7595—1987《运行中变压器油质量标准》的规定。

（5）补充不同牌号的变压器油时，应先做混油试验，合格后方可使用。

（6）110kV及以上的变压器应采用真空注油。具备带储油柜真空注油条件的应带储油柜真空注油，但应将储油柜本身与胶囊袋、隔膜和有载分接开关的储油柜连通的隔离阀打开，或用临时联管进行连接后同时抽真空，以免将胶囊袋、隔膜和有载分接开关的绝缘筒损坏。

在有载分接开关与本体之间最大压差不能超过0.1MPa，即主体抽真空时，开关内不能注油，主体真空注油结束后，有载开关注油时，不能对开关抽真空，以防止叠加压力大于0.1MPa。

（7）对220kV及以上电压等级变压器，真空注油时，变压器进油口油温应在40℃以上。

（8）所注油应为经滤油机处理过合格的变压器油。维持厂家规定残压（参考值：220kV产品维持残压500Pa以下，110kV产品维持残压300Pa以下），油面淹没绕组，真空注油速度100L/min。

（9）为防止真空泵停用或发生故障时，真空泵润滑油被吸入变压器本体，真空系统应装设逆止阀或缓冲罐。

（10）注油时应尽量避免使用麦氏真空表，以防麦氏表中的水银吸入变压器本体。

（11）注油时应采用透明管。为防止管道破损吸入杂物进箱体，应在箱体结口处加装逆止阀等措施。

（12）注油过程应避免在雨天进行，其真空度、持续时间、注油速度等应严格按照制造厂的要求进行。

（13）安装完毕后在储油柜内应进行0.05MPa、12h的密封试验，变压器各部位应无渗漏现象。

（14）真空注油结束后，应维持本体真空，按厂家规定执行（参考值：220kV，4h，真空度80kPa；110kV，2h，真空度50kPa）。

（15）注油24h后，应从变压器底部放油阀（塞）采取油样进行化验与色谱分析。

3．答：（1）检查相间隔板和围屏（宜解开一相）有无破损变色、变形、放电痕迹，如发现异常应打开其他两相围屏进行检查。

（2）检查绕组表面是否清洁，绕组有否变形、位移等。

（3）检查绕组各部垫块有无位移和松动情况。

（4）检查绕组油道有无被绝缘物、油垢或杂物（如硅胶粉末）堵塞现象，必要时可用软毛刷（或用绸布、泡沫塑料）轻轻擦拭，绕组线匝表面如有破损裸露导线处，应进行包扎处理。

（5）检查绕组绝缘有无破损、局部过热、放电痕迹。若有局部过热或放电痕迹，应查明原因处理后重新包扎绝缘。

（6）用手指按压绕组表面检查其绝缘状态。